Eugenie von Bremen
Von Trapezunt zum Nemrud Dagh

Eugenie von Bremen

Eugenie von Bremen

Von Trapezunt zum Nemrud Dagh

Verlag Junge Literatur

ISBN 3-88717-079-2

Inhalt

Von Ankara nach Kappadokien

Am frühen Morgen verlassen wir Ankara. Die dicht besiedelten Stadthügel liegen im Sonnenschein. Die Straßen sind noch leer. Nur ein Hirte führt seine kleine Schafherde zwischen den Häusern entlang und läßt sie grasen. Denn Zäune und Begrenzungen um die Häuser herum gibt es nicht. Statt dessen erobert sich die Natur jedes Fleckchen Erde für ihr Grünen und Sprießen.
Ankara, in der Landesmitte der Türkei gelegen, ist in wenigen Jahren eine Millionenstadt geworden, seit Kemal Atatürk sie 1923 zur Hauptstadt erklärt hat. Und noch immer muß sie einen ständigen Bevölkerungszustrom bewältigen, vor allem aus den ländlichen Gebieten. Die neuen Zuwanderer haben ihre heimische Bauweise mitgebracht und so manchem Stadtteil ein dörflich-kleinstädtisches Gepräge gegeben.
Nach den starken Regenfällen der letzten Tage ist die Straße heute trocken. Die Feuchtigkeit der Luft hat sich in breiten ausgefransten Streifen und zerzausten Schafswolken gesammelt. Dahinter wächst der blaue Himmel. Wir haben einen weiten Weg vor uns, anfangs noch auf guten Straßen. Zu beiden Seiten der Fahrbahn öffnen sich tiefe Gräben, um jederzeit starke Regenfälle oder die Massen schmelzenden Schnees aufzunehmen. Gleichmäßig verteilt eilen die Masten der Überlandleitung an uns vorüber. Sie verbinden Ankara - das Herz der Türkei, wie es genannt wird - mit dem fernsten Ost-Anatolien. Mast für Mast fliegt am Auge des im Bus sitzenden Touristen vorüber, begleitet sein Fernweh.
An der Straße entlang leuchtet das satte Grün kommender Weizenfelder. Hier und da grasen auf bergigem Weidegrund die im Land gezüchteten Fettschwanzschafe. Sie drängen ihre wolligen Leiber dicht aneinander und schie-

ben rupfend ihre Köpfe über dem Boden entlang. Selbst von weitem sind ihre dicken Fettschwänze zu erkennen. Die Zeit scheint hier stehengeblieben zu sein. Wie vor hunderten von Jahren benutzt der Hirte auch heute noch den langen Weidestab, dessen unteres Ende zu einer Schlinge aufgebogen ist. Er kann damit besser als mit einem geraden Stock seine Tiere leiten und zurückholen. Erst gestern haben wir diese Art Hirtenstäbe auf verschiedenen Steinplatten im Museum von Ankara gesehen. Die Hethiter, die um 2000 v. Chr. als Volk auftauchten und um 1000 v. Chr. wieder verschwanden, haben diese Form des gekrümmten Stabes als königliches Attribut benutzt. Später diente der nunmehr aufgerichtete Krummstab dem Christentum als Symbol des Seelenhirten über die ihm anvertraute Herde der Gläubigen.
Wir fahren weiter durch grüne Fluren und wasserreiche Gegenden. Hier und da sind Störche zu sehen, wie sie gravitätisch auf ihren langen roten Beinen über die Wiesen schreiten. Zahlreich sind die Herden von Wasserbüffeln, die einmal vor langer Zeit den Weg von Asien nach Anatolien gefunden haben. Sie werden bis heute als Haustiere für die Milch- und Käsewirtschaft gehalten.
Die Stunden vergehen. Wie ein Band läuft das helle Grau der Straße vor uns her. Die Landschaft zu beiden Seiten ändert mehrfach ihren Charakter. Hier durchschneiden ockerfarbene Schichten die Hänge, dort färbt sich die Erde fast kadmiumgelb, wird sandhell, dann wieder kleidet sie sich in die satten Töne der verschiedenen Früchte. Bei hellem Sonnenschein ist das ein ständig wechselndes faszinierendes Spiel der Farben. In größeren Höhen läßt der braune steinige Boden dem Grün keinen Lebensraum mehr. Die Bäume schrumpfen zu Krüppelwuchs zusammen und mancher kahle Ast zeugt von fehlendem Wasser und strengen Wintern.

Nachdem wir im Museum von Ankara durch die außergewöhnlichen Kunstwerke der Hethiter die erste Berührung mit dem Dasein dieses noch immer wenig erforschten Volkes hatten, machen wir jetzt auf der Fahrt einen Abstecher zu den Ruinen von Hattuscha, der alten Hauptstadt der Hethiter. Auf steil gelegten Treppenstufen klimmen wir hoch zur Stadt. Die Mauern und Türme der auf einem Hügel in der Stadtmitte gelegenen Burg sind letzte Spuren von einstiger Macht, ein langer unterirdischer Fluchtweg ein Zeichen der Gefährdungen in jenen Zeiten.
Inmitten der Ruinen im Tempelbereich fasziniert mich besonders ein nahezu ein Meter hoher grüner Stein, dessen Zweck und Bestimmung noch heute Rätsel sind. Es geht eine besondere Aura von ihm aus, wie er blockhaft und glänzend im Sonnenlicht liegt. Er ist völlig glatt poliert, offensichtlich von Hand bearbeitet und hat trotz des kalten Windes, der uns durchfröstelt, die Wärme der Sonne gespeichert. Ich schmiege mich an ihn, lehne mich darüber, lasse seine Wärme durch meine Hände rinnen. Augenblicke innerer Einkehr, die Kraft spenden.
Von der Hauptstadt Hattuscha führte ein Prozessionsweg zum Felsheiligtum von Yazilikaya, einer Kultstätte in drei kleinen Schluchten. Die in den Fels gemeißelten Reliefs sind weitgehend verwittert. Gut erhalten ist ein großes Königsrelief und ein Zug von Kriegern. Die dritte Schlucht diente vermutlich als Begräbnisort. Noch ist die Stätte nicht überlaufen und die Heiligkeit des Ortes inmitten unberührter Natur bewahrt.
Wir sind wieder unterwegs; nach vielen hundert Kilometern nähern wir uns schließlich Kappadokien. Bislang ist es ungewiß, ob wir mit dem Bus den direkten Weg werden fahren können. Denn nach den schweren Regenfällen der letzten Woche ist die Straße möglicherweise nicht passierbar, weil sich tiefer Schlamm gebildet

Hattuscha, Felsheiligtum, Königsrelief

hat, in dem sich die Räder festfahren könnten. Am Straßenanfang steht das Sperrschild. Aber die Landbevölkerung versichert dem Fahrer, daß man die Fahrt mit Vorsicht schon wagen kann. Und er vertraut in praktischen Dingen dem ortskundigen Anwohner mehr als seiner fernen Regierung. So bleiben uns die 40 km Umweg erspart. Statt dessen wird das schwankende Schaukeln des Busses durch Wasserlöcher und Lehmfurchen zum spannenden Erlebnis.

Nun geht es noch eine Zeitlang über die anatolische Hochebene. Dann leuchtet uns von weitem die Schneekrone des 3916 m hohen Erciyas Dagh entgegen. Er ist der höchste der drei Vulkane, die Kappadokien umschließen. Vor drei Millionen Jahren überschütteten sie diese Gegend mit vulkanischer Asche, die sich unter dem Druck der Jahrtausende zu porigem, aber haltbarem Tuffgestein umbildete.

Da Kappadokien keine Bodenschätze besitzt und abseits der großen Handelsstraßen des Altertums lag, war es für Eroberer nicht sonderlich interessant. Statt dessen suchten die frühen Christen dort Zuflucht und später Schutz vor den Verfolgungen durch die islamischen Araber und Seldschuken. Sie bauten sich Wohnstätten aus dem Fels heraus und in die Erde hinein - sogar ganze unterirdische Städte - und errichteten vor allem zahlreiche Gotteshäuser mit reicher teils hochkünstlerischer Ausmalung. Diese kappadokischen Täler sind das eigentliche Ziel unserer Reise.

Die Sonne sinkt langsam nieder, läßt den Horizont flach erscheinen. Noch einmal vergoldet sie die Spitzen der Berge und wirft lange Schatten von Bäumen und Häusern über unseren Weg. Vom Osten her bricht die Dunkelheit herein. Im Bus wird es still. Die Augen vermögen nicht mehr viel zu sehen, die Fahrt durch einen langen Tag hat müde gemacht. Das eintönige Geräusch des fah-

Der Erciyas Dagh

renden Busses wiegt unsere Sinne den Träumen zu. Bis aus dem dämmrigen Dunkel wieder das Licht hervortritt, sich silbern über den Himmel ergießt. Bereitwillig hält der Busfahrer auf unsere Bitte an, obgleich wir wenige Kilometer vor unserem Ziel angelangt sind. In ergriffenem Staunen stehen wir da in der Nacht und blicken zur runden Scheibe des Vollmonds hinauf. Größer und heller scheint er uns, als wir ihn je zu Hause gesehen haben. Sein milder Schein zaubert eine Feenlandschaft hervor, deren zarte Linien sich als Kuppeln, Türme, Kirchen und Schlösser vor der verschwebenden Ferne abzeichnen. Kappadokien mit seinen Felsformationen wie in einer nächtlichen Fata Morgana. Hier und da flammen einzelne Sterne auf.

Kappadokien

„Was, du hast nicht mit ihr gehandelt und gleich den vollen Preis gezahlt?“ so werde ich leicht erstaunt gefragt. „In der Türkei tut man das.“ Aber ich fand das Häkeldeckchen, das ich erstanden habe, so preiswert und so hübsch, daß ich gar nicht auf den Gedanken gekommen bin, noch etwas herunterzuhandeln. Eher habe ich die Frauen bewundert, die mit flinken Fingern aus dem dünnen Garn solche Kunstwerke hervorzaubern. Vielleicht war es auch nur die Befangenheit des ersten Tages, die mich an ein Handeln nicht denken ließ.

Wir sind gestern zur Nacht in Ürgüp angekommen und haben in einem modernen Bungalow-Hotel etwas außerhalb der Stadt ein kleines Zuhause auf Zeit gefunden. Es liegt unweit des Taubentals, eines der drei Täler, die landschaftlich von besonderem Reiz sind. Da wir eine Studien-Wander-Gruppe sind, beginnen wir am nächsten Tag mit einer morgenfrischen Wanderung durch dieses Tal. Die Vögel zwitschern, die Farben der Steine fangen an zu glühen und zu blühen. Hier und da plätschert ein Bach, sonst herrscht tiefe Stille, wenn ich auch nur ein wenig hinter der Gruppe zurückbleibe.

Kappadokien wird von einer bizarren Felsenlandschaft geprägt, die im Laufe der Jahrtausende um Göreme herum entstanden ist. Denn die Lavamasse der drei Vulkane Erciyas Dagh - oder Berg, Hasan und Melendiz verwitterte je nach der Härte des Gesteins in unterschiedlichen Schichten. Die so gewachsenen Felsformationen locken zu den kühnsten Vergleichen. Ragen hier die Felsen wie ein Kamin am anderen auf, so liegen dort Gebilde wie riesige Deckel über flachen Töpfen. Dann wieder erinnert die Felswand, an der wir entlanggehen, an eine Galerie von Halbsäulen, wie von Menschenhand aus dem Fels geschlagen.

Die Bewohner, die nach und nach diese Täler besiedelten, haben sich das poröse Material des Tuffgesteins zu Nutze gemacht und sich hier Lebensmöglichkeiten geschaffen. Im 2./3. Jahrhundert waren es zunächst Eremiten, die sich in die Einsamkeit zurückzogen. Aus dem Felsen heraus bauten sie ihrem Gott Kirchen und sich selbst eine Bleibe. Dann suchten hier christliche Gemeinschaften im 6. und besonders 10./11. Jahrhundert Schutz vor Verfolgungen. Schließlich wurden die Täler Wohnstatt auf Dauer und den Lebens- und Schutzbedürfnissen der Bevölkerung angepaßt.
Hier im Taubental schlugen die Bewohner Tausende von Öffnungen in das poröse Gestein und bereiteten an der hinteren inneren Wand Nistplätze für die Tauben. Selbst der Taubenmist diente dann noch der landwirtschaftlichen Nutzung.
Obgleich das Tal heute nicht mehr bewohnt wird, zeugen kleine gepflegte Felder von menschlichem Fleiß und dem Bemühen, auch noch einem bescheidenen Fleckchen Erde Früchte abzugewinnen. Die Apfel- und Kirschbäume stehen in voller Blüte. Über die Wiesen breitet sich eine Vielfalt von Wildkräutern aus, Pfefferminz, Kamille, Zitronenkresse. Der Frühling der ersten Maitage streut in bunter Pracht seine Schätze aus. Dabei dominiert das Gelb in allen Schattierungen, dazwischen weißer und roter Mohn oder das ganz dunkle Lila einer Blüte; denn die südliche Sonne lockt kräftige, satte Farben hervor. In der Fülle der Blumen sind auch Orchideen zu finden.
Zwischen diesem überquellenden neuen Leben fallen mir die splitternden Reste einer vorjährigen Pflanze auf. Ihr trockenes Blatt schließt sich wie ein Kelch um den innen hohlen Stengel. Eine pflanzen- und sagenkundige Mitreisende weiß davon zu berichten: In dieser Fenchelpflanze „Ferula“, dem „Gemeinen Steckenkraut“, habe

Prometheus das Feuer von den Göttern gestohlen und zur Erde gebracht.
Wir wandern weiter durch den Tag. Die Landschaft bietet in der Vielfalt ihrer Formationen immer wieder überraschende Bilder. In der Ferne sieht eine Reihe von Bergspitzen so aus, als hätten sich alle riesige Nikolaus-Kappen übergestülpt. Den Abhang hinunter trifft der Blick auf eine Buckelwelt; es scheint, als wälzte sich dort Tierrücken an Tierrücken. Während dieses Truggebilde stumm bleibt, schreit ein sehr lebendiger Esel den Schmerz aller Geschöpfe in die Welt hinaus.
Das Göremetal ist unser nächstes Ziel. Hier haben die Christen ihre Wohnstätten und die zahllosen berühmten Höhlenkirchen aus dem weichen Tuffgestein gegraben. Von den Malereien im Innern ging ein großer künstlerischer Impuls in die christliche Welt hinaus. Die Fresken der meist kleinen Kirchen haben durch den Lauf der Zeit, eine zweckentfremdete Verwendung oder schlicht mutwillige Zerstörung vielfach sehr stark gelitten. Erst in neuester Zeit ist ein Bewußtsein ihrer Bedeutung gewachsen und es werden bescheidene Versuche unternommen, auch eine kulturfremde christliche Vergangenheit vor dem völligen Untergang zu retten.
Eine der bedeutendsten Kirchen ist die St. Barbara-Kirche, gleichzeitig ein Beispiel für eine Ausmalung aus der Zeit der Ikonoklasten, der Bilderstürmer. Nur in der einen Farbe Rot ist sie mit geometrischen Ornamenten, Kreuzeszeichen und Symbolen ausgemalt. Der Teufel zeigt sich in Gestalt eines großen Insekts. Spätere Ausmalungen bringen auch figürliche Darstellungen.
Die Elmali Kilise, die „Kirche mit dem Apfel“, eine Kuppelkirche auf vier Säulen, stammt ebenfalls aus der Zeit der Bilderstürmer. Sie ist aber besonders schön mit Fresken ausgestattet und hat im abgelegenen Tal Göreme die Zeit der Bilderfeindlichkeit unbeschadet überdauert.

Der sogenannte „Apfel“ in der Hand Christi symbolisiert vermutlich die Weltkugel.
In einer der größten Höhlenkirchen, Tokali, der „Kirche mit der Schnalle“, mit reichem Säulenschmuck, befinden sich die am besten erhaltenen Fresken mit einer umfangreichen Darstellung der Geschichte Jesu. Die eigenartigen Namen der Kirchen stammen aus dem Volksmund; die Anzahl ist überwältigend.
Wir fahren weiter durch die Landschaft von Göreme. Von fern schon ist als beherrschender Punkt die sogenannte „Grenzfestung“ Üchisar zu sehen, die nie eine Festung war, sondern ein Wachtposten, von dem aus schon sehr frühzeitig das Herannahen eines Feindes wahrgenommen und durch Feuerzeichen der Bevölkerung gemeldet werden konnte. Diese Feuerzeichen wurden von „Festung“ zu „Festung“ weitergegeben. Der Berg wirkt mit seinen zerklüfteten Wänden wie ein Babylonischer Turm. Auf fast senkrechten, sehr hohen Steinstufen besteigen wir den 1200 Meter hohen Fels. Ein weiter Rundblick entschädigt für alle Mühen. Man sieht weit ins Land hinein. Spätes Licht zeichnet weiche Konturen gegen den wolkenlosen Himmel. Unten ist noch lebhaftes Treiben. Hier nun ist der Ort, wo ich, angeregt von der allgemeinen Geschäftigkeit, mein Häkeldeckchen kaufe. In lebhaftem Gespräch sitzen die Frauen nebeneinander, hier und da ein kleines Grüppchen gesondert. Der Farbenreichtum ihrer Bekleidung wirkt selbst in der zusammengewürfelten Buntheit malerisch. Bei allem Fleiß finden die Augen Zeit, sich nach möglichen Käufern umzusehen, um mit vielen Worten ihre Arbeit anzupreisen. Für mich „Kannitverstahn“ sprechen am deutlichsten die lebhaften schwarzen Augen, die unter dem bis zur Stirn heruntergezogenen Kopftuch hervorlugen. Schade, daß nur die kleinen Mädchen ihr schönes dunkles Haar zeigen.

Göreme, Barbarakirche, Fresko

Am nächsten Tag lachen blauer Himmel und Sonnenschein; es weht kein kalter Wind mehr. Wir fahren auf einen breiten Tafelberg zu mit rotem Sockel und dicker weißer Kappe. Unser Ziel ist das Rote Tal. Links ist wieder die Üchisar-Festung zu sehen, rechts der weiß bekrönte Erciyas-Vulkan. Später Schnee hat ihn noch hell schimmernd eingehüllt nach einem Winter fast ohne Schneefall.
Unser Wanderweg durch das Rote Tal führt uns unterhalb einer roten Felswand. Die Sonne steht in unserem Rücken und ich folge meinem eigenen Schatten, den ich voraus auf den Weg werfe. Wir schauen hinunter auf Felsen wie auf eine Unzahl von Kaminschloten. Dann wieder taucht eine weiße Zeltstadt auf, die doch nur Gestein ist. Unser Wanderweg ist ein schmaler Pfad, der nach der winterlichen Regenzeit noch nicht wieder an allen Stellen zu erkennen ist. Der Reiseleiter muß hier und da vorausgehen, um einen sicheren Weg zu finden. Es ist schon wichtig, daß wir alle ausgesprochene Wanderschuhe tragen. Glatte Sohlen könnten hier gefährlich werden. Hin und wieder muß den nicht ganz Schwindelfreien über ein Stück Weg oberhalb von steilen Abhängen geholfen werden. Eine Teilnehmerin hebt kurz entschlossen einen langen trockenen Ast auf und schneidet ihn sich mit einem Taschenmesser zurecht, um wenigstens an ihm etwas seelischen Halt zu finden.
An steilem Abhang machen wir eine Verschnaufpause. Es ist weltabgeschieden still um uns her, nur der Ruf des Kuckucks ist zu hören. Der Blick hinunter in die Tiefe reicht wie in den Brunnen des Vergessens. Die Seele kann befreit aufatmen.
Während wir langsam heruntersteigen, wandelt sich ständig das Bild der Landschaft. Wenn ich gerade noch meine, riesige Ku-Klux-Klan-Gestalten zu sehen mit den typischen weißen Kappen, so haben die Verwitterungen

daneben wieder einen breitgesichtigen Chinesen mit Schlitzaugen aus dem Gestein gezaubert. Diese Welt ist in ständigem Wandel. Jede starke Sonne, jede Winterkälte oder anhaltender Regen nagen an ihr. Der unterschiedliche Härtegrad des Gesteins läßt dabei die bizarrsten Formen entstehen.
Unten im Tal finden wir hier und da lockere, fruchtbare Erde, zumeist ungenutzt, manchmal auch als kleines Weinfeld bestellt. Sträucher und Wiesenblumen duften und blühen. Blau und gelb und rot wetteifern sie mit ihren Farben in allen Schattierungen. Berberitze, Wolfsmilch, Fette Henne, viele Pflanzennamen hören wir Stadtmenschen und verbinden sie wieder mit einem lebendigen Bild. Auf einem warmen knisternden Reisighaufen, eingerahmt von den runden Kegeln des Tuffgesteins, rasten wir nach einem langen Weg. Der kleine Weinberg vor uns ist umstanden von grünen Bäumen mit knorrigen Stämmen und einem Gewirr von Ästen. Hohe Pappeln flüstern im Wind.
Weiter geht es durch das Tal, in dem alle Farben des Gesteins zu finden sind. Sie reichen vom leuchtenden Weiß bis zu tiefem Schwarz, dazwischen die breite Skala der warmen und kalten Töne. Oft sind die verschiedenen Schichten wie mit einer scharfen Linie voneinander getrennt. Dadurch stellen sich immer wieder neue Bilder ein, so wie hier bei den roten Kegeln mit den weißen Mützen. Das Wasser eines Baches tritt frühlingsgeschwellt hier und da über die Ufer und netzt uns fast die Füße.
Unser nächstes Ziel ist das Dorf Cavusin. Vor dem Ort liegt ein ausgedehnter Friedhof, grasbewachsen, verlassen, mit verwitternden Steinen. Der Islam nimmt die Begräbnisstätten des Leibes nicht wichtig.
Das Dorf schmiegt sich an eine hohe Felswand, in der ehemals Wohnungen eingerichtet waren. Durch die vie-

len Öffnungen für Fenster und Türen sowie die natürliche Verwitterung des Gesteins scheint die Felswand völlig durchlöchert und porös zu sein.
Da eine Reiseteilnehmerin auf dem warmen Reisighaufen unseres letzten Rastplatzes ihre Brille vergessen hat und ein fußschneller Suchtrupp zurückgegangen ist, müssen wir hier warten. Ich kann daher mit Muße das dörfliche Leben betrachten.
Ich sitze auf einem Stein dicht an einem Waschhaus mit zwei breiten Wasserbecken und Zulauf von Wasser, eher von einer Leitung als einer Quelle. Eine Frau wäscht mit Hingabe ihren Teppich, der zusammengelegt mit reichlich Wasser begossen wird. Dann trampelt sie mit bloßen Füßen das Wasser heraus, legt den Teppich wieder auf eine andere Weise zusammen und schlägt ihn mit einem Holzscheit aus. Erneut gießt sie einen Eimer Wasser darüber und überspült den Teppich immer aufs neue mit reichlich Wasser, bis sie ihn auslegt und mit den Füßen geduldig die Kanten geradetritt. Dann breitet sie ihn zum Trocknen in der Sonne aus; kleinere hängt sie über einen Zaun.
Die fleißige Waschfrau hat ihr Gesicht nicht verhüllt. Aber sonst trägt sie aus modernen bunten Textilien gefertigt die züchtige Bekleidung der Frauen, wie man sie hier allgemein auf dem Lande sehen kann, weitgehend auch noch in den kleineren Städten: Zu dem geschlossenen Oberteil die sehr weite rockähnliche Hose, die im unteren Mittelteil zusammengenäht ist und bis zur Erde reicht. Haar und Stirn sind von einem weißen oder bunten Tuch verhüllt. Oft ist auch die untere Gesichtshälfte mit einem Schleier bedeckt. So bekleidet sind auch die tiefverschleierten drei Frauen, die soeben auf einem Wägelchen von einem Esel gezogen an uns vorüberfahren. Außer diesen noch geschäftigen Frauen liegt mittägliche Ruhe über dem Dorf. Die Sonne brennt senkrecht vom

Cavusin, am Ende des Roten Tales

Himmel. Der Stein, auf dem ich sitze und das beschauliche Leben betrachte, ist angenehm durchwärmt.
Die Brille ist gefunden. Unsere Wanderung kann weitergehen.
Hinter Cavusin besichtigen wir die Nikephoros-Kirche, auch Taubenkirche genannt, weil sie später als Taubenschlag benutzt wurde. Die Malerei dieser Höhlenkirche ist schlichter als die im Göremetal. Sie stammt aus der Regierungszeit des Kaisers Nikephoros II. Phokas (963-69), eines bedeutenden Feldherrn, der ein Kappadokier war. Nach einigem Suchen finden wir auch rechts von der Apsis seine Ganzfigur.
Wir sind wieder mit dem Bus unterwegs, machen vor Avanos einen kleinen Umweg zu einer Karawanserei aus der Zeit der Seldschuken. Deren Sultane haben, besonders im 13. Jahrhundert, bewußt Stützpunkte für die Karawanen errichtet, um den Handel zu beleben. Der Abstand der Karawansereien richtete sich nach einem Kamel-Tagesmarsch, betrug also je nach Gelände zwischen 30 - 40 Kilometer. Auch diese Karawanserei zeigt die übliche Bauweise mit offenem Teil für den Sommer, Unterstellmöglichkeiten für die Tiere und Waren und einen geschlossenen Teil für den Winter. Im Innenhof befand sich in der Regel eine kleine Moschee. Hier ist sie aus Platzgründen oberhalb vom Eingang. Um die erhaltenen Teile herum ist sie gut wiederaufgebaut.
Wir fahren weiter zu den grünenden Feldern im Tal des Halys, der diesen Namen vom griechischen Namen für Salz bekommen hat, also der salzige Fluß genannt wurde. Die türkische Bezeichnung bedeutet der „Rote Fluß", richtet sich damit nach der Farbe, die sein Wasser besonders nach Regenfällen annimmt. Auf einer schmalen Brücke überqueren wir den Roten Fluß, der hier schnell strömend dahinfließt und wirklich rot aussieht.
Die Stadt Avanos liegt an seinen Ufern und nutzt die

ebenfalls rote Erde für ihre zahlreichen Töpfereien. Vieles in der Stadt ist im Aufbau begriffen. Erdhügel, Häuser und Steinhaufen verschmelzen noch zu einer ungeordneten Wohngemeinschaft. Doch ist schon ein Park im Entstehen. An der Uferseite sind ein Türkisches Bad und eine „Kappadokische" Moschee zu sehen, die statt des Minaretts einen kleinen Turm hat.
Hier in Avanos besuchen wir die Töpferei von Mehmet, wo wir gastlich empfangen werden. Vor unseren Augen läßt er auf der Töpferscheibe mit äußerst geschickten Händen eine Teekanne entstehen. Es sieht wie Zauberei aus, wenn er durch Schmeicheln und Streicheln des feuchten Tons im Drehen der Scheibe die Kanne mit Tülle, Henkel und Deckel aus dem Erdklumpen hervorlockt; und der Deckel paßt sogar genau in die vorher ausgeschnittene Öffnung. Wenn Ton nicht so schwer wäre und eine Belastung für das Reisegepäck, wäre die anschließende Kauflust der Besucher sicher noch größer.
Wir fahren wieder zurück über den brausenden Roten Halys. Auch in dieser Gegend sieht man die auffallend vielen Pappelbäume, die in der Nähe von Gehöften in Einer- oder Doppelreihen stehen. Die Bäume werden gepflanzt, wenn ein Kind geboren wird, gleich ob Junge oder Mädchen. Der Erlös von den herangewachsenen Bäumen wird für die Aussteuer und die Kosten der Hochzeit verwandt. Beide Familien des künftigen Ehepaares tragen hierzu bei. Das ist ein schöner Brauch mit den Pappeln, die mit dem beweglichen Grün und dem anmutigen Schwingen der hohen Stämme sehr zur Auflockerung der Landschaft und der Dörfer beitragen.
Vor Zelve tauchen wieder die sogenannten Feenkamine auf, die sehr hohen schmalen Felsen mit Löchern wie für einen Kamin und einem auf der Spitze sitzenden dunkleren Felsbrocken. Da sie so hoch sind, heißt es, können nur Feen sie bedienen.

In Zelve wohnten ursprünglich vorwiegend Griechen. In den zwanziger Jahren fand der gegenseitige Bevölkerungsaustausch zwischen Griechen und Türken statt. Die türkische Bevölkerung mußte 1956 ihr Dorf räumen, nachdem dort eine Felswand eingestürzt und eine große Zahl von Personen umgekommen war. Die Winter mit viel Schnee und Regen bringen gerade in dieser Gegend immer wieder Abstürze des porösen Gesteins. Manche in Büchern noch abgebildete Felsen, wie die sogenannte „Burg", sind bereits verschwunden oder doch stark beschädigt. Auch die Frauen-Kloster-Anlage ist ganz vom Verfall gezeichnet. Jetzt schon besteht Einsturzgefahr. Wie der Reiseleiter berichtet, klaffen die Risse heute sehr viel weiter auseinander als vor sechs Wochen, als er zum letzten Mal hier war. Was der Natur einst durch Menschenhand abgelistet worden ist, wird vielleicht in wenigen hundert Jahren zu Staub zerfallen sein. Selbst eine leichte Berührung der Felswände mit dem Finger läßt, vor allem nach einem Regen, einen Hauch des porösen Tuffgesteins abrieseln.
Die früheren Wohnungen sind heute alle leer. Man sieht, daß die Zugänge zu den Häusern teilweise über Leitern führten. Auch kann man noch in den Fels gehauene Tritte für die Füße und Greifhilfen für die Hände erkennen. In der früheren Mühle liegt noch der Mahlstein, den man einst aus dem Gestein im Inneren des Hauses angefertigt hat.
Unweit das „Tal der schlafenden Soldaten", eine Gruppe riesiger Steinkörper mit dunkleren Kappen obenauf. Gegenüber ein langgezogener Felsen, steil und glatt, der doch den Aufstieg durch einen weiten Blick lohnt. Ein letzter Gang noch zu einem Seitenteil, einer enger beieinander stehenden Gruppe von „schlafenden Soldaten". Auf einem schmalen hohen Steinpfeiler ruht fast auf seiner Spitze noch ein breiter großer Steinbrocken, von

Zelve, Tal der Schlafenden Soldaten

dem zu befürchten ist, daß er im nächsten Jahr nicht mehr oben liegen wird.
Auch das Wetter ist wichtig bei einer Reise. Die Gruppe vor uns hatte eine ganze Woche lang Regen. Bei uns regnete es nur an dem einen Reisetag in Ankara, wenn auch sehr ergiebig und ununterbrochen. Von da an wurde es jeden Tag etwas schöner und etwas wärmer. Und der Erciyas Dagh - mit 3916 m der höchste der drei Vulkane - begleitete unsere Reise auf fast allen Wegen als leuchtendes und prägnantes Wahrzeichen Kappadokiens. Auf einer Fahrt nach Westen zeigten sich auch die beiden niedrigeren Vulkane, der Hasan-Berg mit zwei Gipfeln und die breitgezogene Bergkette des Melendiz.
Unter dem heutigen Ort Derinkuyu, etwa in der Mitte Kappadokiens gelegen, hat man erst 1963 eine unterirdische Stadt entdeckt, die bis zu einhundert Meter Tiefe in die Erde hineinreicht. Sie ist die größte der vielen unterirdischen Städte Kappadokiens, die ein Überleben während feindlicher Bedrohung möglich machten. Die Städte waren durch unterirdische Gänge miteinander verbunden und gaben Tausenden von Menschen Zuflucht und Sicherheit auch für längere Zeit.
Derinkuyu reichte zwanzig Stockwerke tief in die Erde hinein, wobei diese allerdings nicht in immer gleicher Höhe und nicht ganz senkrecht übereinander zu denken sind. In den beiden obersten Stockwerken befanden sich die Wohnungen, Kirchen , Schulen. Darunter lagen Wirtschaftskammern und die Ställe für das Vieh. Aus tiefen Brunnen konnte das Wasser geschöpft werden und zahllose Luftschächte sorgten für ständigen Zustrom frischer Luft. Überall spürt man diesen leichten Luftzug, aber noch heute ist das System der Belüftung ein Geheimnis.
Eine elektrische Leitung mit schwachen Glühbirnen hier und da nimmt dem Erdinnern seine abgrundtiefe

Schwärze. Aber wenn wir auch nur wenige Personen sind, versperren wir in den schmalen Gängen dem spärlichen Licht doch den Weg. Mit Händen und Füßen tasten wir weiter, ziehen hier und da wegen der Felsvorsprünge den Kopf ein. Luft zum Atmen ist genug da und doch wird eine eigenartige Beklemmung spürbar. Was ist, wenn es einen Kurzschluß gibt? Wir haben weder Taschenlampen noch Kerzen dabei. Immerhin, ein Feuerzeug würde mit seinem kurzen Aufflammen wenigstens die Wegweiser erkennen lassen. Ein feindlicher Eindringling jedoch war in dem Gewirr von Gängen und Räumen verloren. Manche waren „tote Gänge" ins Nichts, ein Zurückfinden aussichtslos. Scheintüren führten ihn in die Irre und Steinrolltüren schlossen ihn rettungslos ein. - Erstaunlich schnell und in stummer Konzentration steigen wir wieder hoch und streben dem Licht zu. Dann blendet die Helle des Tages und doch dehnen wir uns befreit der Sonne entgegen.
Unsere Reise fällt in die Zeit des Ramadan. Dieser Fastenmonat trägt einen Namen aus der arabischen Zeit und berechnet sich nach dem Umlauf des Mondes. Er ist damit kürzer als unsere heutigen Monate nach dem Sonnenjahr. Als Mondzyklus verschiebt er sich um je elf Tage im Vergleich zum Sonnenjahr und trifft alle 33 Jahre auf die gleiche Zeit. Die Fastenregel des Ramadan bedeutet, von Sonnenaufgang bis Sonnenuntergang nicht essen und nicht trinken und sich aller leiblichen Genüsse zu enthalten. Zwar sind bestimmte Personen von der Fastenregel ausgenommen, so Kranke und Reisende. Aber es kann doch Schwierigkeiten geben, weil viele Lokale zur Zeit des Ramadan gechlossen sind. Da wir jeden Abend zu unserem festen Standquartier zurückkehren und dort unser Essen zubereitet vorfinden, berührt uns das auf dieser Reise nicht.

Eines unserer Wanderziele ist das Ilavatal, zu dem wir zunächst wieder mit dem Bus in Richtung auf den Hasan-Vulkan hinfahren. Der aufmerksame Blick versucht, auch bei solchen Gelegenheiten Land und Leute zu erkunden. Hier sind neben den vielen Schafen und Büffeln auch schwarze und weiße Ziegen in gemischter Herde zu sehen, wahrscheinlich eine Seltenheit. Dort bricht ein landwirtschaftliches Gerät die mattgraue Erde auf und zieht tiefdunkelbraune Rillen durch den Acker. An den Feldrainen sind Steine in Reihen oder Haufen sauber aufgeschichtet. Die Erde scheint aber immer wieder aufs neue Steine zu gebären.
An einem Stausee fahren wir durch ein altes Dorf. Hier wird die Wäsche noch am Brunnen gewaschen und zum Bleichen auf der Wiese ausgelegt. Trotz schlichtester Wohnverhältnisse steht hier und da schon ein Auto vor dem Häuschen. Sehr oft begegnen wir Schulkindern, die alle ihre schwarze Schulkleidung mit dem weißen Krägelchen tragen. Jungen und Mädchen besuchen gemeinsam die Schule. Auch für diese Kinder wachsen bis zur künftigen Hochzeit raunende Pappeln in die Höhe.
Wir beginnen unsere Wanderung in einem der nächsten Dörfer, das geprägt ist von hohen Felswänden und vielen über die Ufer tretenden Wassern. Wir wandern am Melendiz-Fluß entlang auf die Quelle zu. Kühl plätschert das Wasser mit silbern glänzenden kleinen Stromschnellen. An den Ufern stehen Kopfweiden, deren nachwachsende junge Triebe wie riesengroße Bürsten aus den knorrigen Stümpfen herausragen. Die Stämme der Bäume sind hier und da ausgehöhlt von den Jahren und von Wind und Wetter zerrissen. Über uns azurblauer Himmel und Gesang von Vögeln in den Lüften. Der Fluß rauscht seine Melodie vom ewigen Sein.
Steine und Felsen drängen sich immer näher ans Wasser und bilden mit der Zeit eine Sperre. Zwei Mal müssen

wir unter ihnen durchkriechen, nahezu auf allen Vieren. Den Fluß entlang über unserem Weg erhebt sich wieder eine hoch ragende rötliche Wand, ein Zusammenklang von großem landschaftlichem Reiz.

Kurz vor dem Ende des Tales besichtigen wir noch zwei kleine Kirchen. In der „Kirche mit den Blumen“ befindet sich in der Kuppel ein segnender Christus mit ausdrucksvollen Augen.

Dann heißt es, viele, viele Stufen den Fels emporsteigen. Während wir uns vom Ilavatal entfernen, begleitet uns eine Weile noch ein letztes Raunen des Wassers.

Die Landschaft von Kappadokien ist so einmalig; da bleibt das Auge kaum hängen an den hier und da angebotenen Waren, gar dem Kitsch für die Fremden. Doch die bittende Geste des kleinen Mädchens läßt mich anhalten. Sie streckt mir ein Deckchen entgegen, in Größe und Muster meinem am ersten Tag gekauften gleich. Sicher kann ich auch ein zweites brauchen von diesen zierlichen Gebilden. Doch dann stockt unser Geschäft. Sie will mehr haben, als ich für das erste gezahlt habe. Mir fällt da ein, „in der Türkei muß man um den Preis handeln“. Und ich will mich nicht übervorteilen lassen. Also bleibe ich trotz ihres temperamentvollen Wortschwalls beim alten Preis. Schließlich reicht sie mir wortlos das Deckchen. Im Hotel vergleiche ich beide. Doch! Es ist dasselbe Muster, die gleiche Größe. Aber die zweite Häkelarbeit ist um vieles exakter und dadurch wirklich ein kleines Kunstwerk. Wer nicht zu handeln versteht, sollte es ganz lassen.

Kayseri - die Stadt am Fuße des Erciyas Dagh - hat den Ruf, die besten Geschäftsleute zu haben. So erzählt es uns jedenfalls der Reiseleiter, als wir dorthin einen Ausflug machen. Das alte Caesarea, die heutige Hauptstadt der gesamten Provinz Kappadokien, ist mit seinem lärmenden Verkehr das Gegenteil der stillen Täler. Und der Ba-

sar hat noch ein Stück Asien bewahrt. Im übrigen hat das Leben einen europäischen Zuschnitt, auch in der Kleidung.
Als Zeugen der Vergangenheit stehen noch mächtige Mauern um die Altstadt herum und zahlreiche Bauten aus der Seldschukenzeit, wie zum Beispiel das „drehende Mausoleum“ mit zarten filigranen Mustern. Vom Lärm der Stadt kann der Reisende in das interessante Islamische Museum entfliehen. Es ist untergebracht in einer im 13. Jahrhundert von der Sultanin Hatun gestifteten Medrese mit Moschee. Hier in einem stillen Innenhof steht auch die „Türbe“ - ein kleiner an die Zelte der Nomadenzeit angelehnter Steinbau - mit dem Grab der Stifterin.
Der Tag geht zur Neige, die Reise dem Ende zu. Wie er uns am Anfang von Ferne gegrüßt hat - der Erciyas Dagh - so nehmen wir jetzt zu seinen Füßen Abschied von ihm und dem Wunderland Kappadokien, das er durch seine Eruption geschaffen hat.

Von Trapezunt zum Nemrud Dagh

Morgen fliegen wir nach Trapezunt. Schon das Wort klingt wie ein Märchen aus Tausend und einer Nacht, und unsere Erwartungen sind groß. Nachdem wir uns als kleine Reisegruppe bereits in Frankfurt getroffen haben, begrüßt uns nun der türkische Reisebegleiter Ali in Ankara. Morgen also werden wir nach kurzer Flugzeit in Trapezunt landen und unser Abenteuer im fernen Ostanatolien beginnen. Wir sind darauf vorbereitet, daß einige Anforderungen an unsere Flexibilität und körperliche Belastbarkeit gestellt werden und daß wir auf mitteleuropäische Komfortvorstellungen verzichten müssen. Von Erdbeben hoffen wir verschont zu bleiben, obwohl der Nordosten der Türkei für häufige schwere Erdbeben bekannt ist.

Ein türkisches Abendessen mit viel Gemüse und Obst versammelt uns im Speisesaal des Hotels in Ankara. Wir würden uns danach gern zurückziehen. Warum nur zögert Ali und füllt die Zeit mit sichtlich hinhaltenden Reden? Ja, er bestellt sogar Wein für alle. Soll der für gute Stimmung sorgen? Denn irgend etwas bedrückt Ali, das sieht man seinem Gesicht an. Schließlich erhebt er sich, sieht uns mit seinen pfefferschwarzen Augen beschwörend an und platzt damit heraus: „Morgen geht kein Flugzeug nach Trapezunt. Wir müssen mit dem Bus fahren.“

Nach einem Augenblick der ungläubigen Verblüffung bricht ein kleiner Aufruhr aus. Warum wir nicht fliegen werden, kann Ali nicht sagen. Statt dessen werden wir morgen 780 km fahren.

Zeitig aufstehen heißt damit das Gebot. Wir versuchen, noch genügend Ruhe zu finden. Trotz der späten Stunde schlägt brausender Verkehr der Millionenstadt, der

Lärm knatternder Zweiräder und das Stimmengewirr der Menschen in einem ununterbrochenen Schwall nach oben und durch die geöffneten Fenster herein. Unter dem nachtdunklen Himmel, an dem eine breite Wolkenbank drohend heraufzieht, glitzern tausendfach die Lichter der Stadt.

Noch in der Morgenfrische brechen wir auf und fahren zunächst nach Nordosten in Richtung Samsun, wo wir das Schwarze Meer erreichen werden. Jetzt Ende Mai ist das Land noch grün, hier und da weidet Vieh. Auf weiten Flächen wächst Wein, der einst von hier erst nach Europa gekommen ist. Viele Wasserstellen bieten den zahlreichen Störchen, die man immer wieder sieht, einen idealen Lebensraum.

Da wir nur wenige Teilnehmer sind, haben wir einen kleinen Bus bekommen, und einen nicht sonderlich modernen dazu. Anfangs schauen wir etwas neidvoll auf die großen Reisebusse, die an uns vorbeibrausen. Aber mit der Zeit genießen wir die Möglichkeit, so viel sehen zu können. Und Ali zaubert Getränke aus einem Kasten und Orangen gegen Durst und Müdigkeit. Als wir ihn wegen seines Organisationstalents loben, reckt er sich strahlend und seine untersetzte Gestalt scheint zu wachsen. Die Fahrt geht bergauf und bergab. Kurz vor Samsun steigen wir bis auf 900 m hoch. Dann fahren wir am Schwarzen Meer entlang. Schon die Perser, für die das Mittelmeer das „Weiße Meer“ war, haben es wegen der dunklen Färbung der Küsten so genannt. Zwar ist das Wetter trübe, teilweise regnerisch, trotzdem entfaltet die Landschaft mit vielen Vorsprüngen und Buchten und den blauen Silhouetten der Berge ihren Zauber. Ali ermöglicht manche kleine Teepause am Wege, auch in nicht auf Touristen eingerichteten Stuben. Solche Gelegenheiten nutzen wir wenigstens zu einem Blickkontakt mit der einheimischen Bevölkerung und durch Alis Vermittlung auch zu einer Art Verständigung. Nie hätten wir im Flugzeug so viel von Land und Leuten mitbekommen. Nach zwölf Stunden Fahrzeit sind wir in Trapezunt und sinken im Hotel in einen langen Schlaf.

Trapezunt, eine griechische Gründung, gehörte später zum römischen und dann byzantinischen Reich. Nach der Eroberung Konstantinopels durch die Kreuzfahrer und dem Zerfall des byzantinischen Reiches bildeten sich mehrere Nachfolgestaaten. Einer davon war das „Kaiserreich Trapezunt“ unter der Herrschaft der Komnenen (1204 - 1462). Damals erlebte Trapezunt als Hauptstadt dieses Reiches seine Glanzzeit.

„Trapezunt hat gewonnen“, bis zu uns dringt die Kunde vom Fußballereignis, dem Sieg über den Konkurrenten Istanbul. Die Stadt ist quer über die Straßen hin mit Transparenten und Papierfähnchen geschmückt.

Unser erstes Ziel ist heute das Sumela-Kloster, das eines der bedeutendsten Klöster Ostanatoliens war. Die Mönche wurden 1923 vertrieben. Ein Brand vernichtete 1930 den größten Teil der Baulichkeiten. Anfang der sechziger Jahre wurde das Kloster restauriert und 1972 zur Besichtigung freigegeben. Vergrabene Kunstschätze sind geborgen und in Museen gebracht worden.

Wir fahren eineinhalb Stunden am brausenden Mühlbach entlang nach Süden. Der Name Sumela kommt vom griechischen „unter dem Felsen“. Und tatsächlich klebt es hoch am Berg und von weitem schon ist die große Gebäudefront mit Stützwand aus der 2. Hälfte des vorigen Jahrhunderts zu sehen. Bei Regen steigen wir den Waldweg durch einen Naturpark hoch. Wilder rötlicher Rhododendron steht in voller Blüte, daneben leuchten weiße und gelbe Azaleen, Iris und Aurikeln. Fichten, Platanen und Pappeln flüstern in leichter Bewegung.

Ausgangspunkt der Mönchsniederlassung war ein Grottenheiligtum, um das herum kleine und kleinste Räume

entstanden. Ein Kapellenraum ist so niedrig, daß man nicht aufrecht darin stehen kann. Die Grottenkirche ist innen und außen voll ausgemalt, aber die Fresken stammen zum größten Teil aus dem 18. Jahrhundert und späterer Zeit und sind künstlerisch wenig bedeutend. Ikonografisch interessant ist die Darstellung der Geburt Christi mit großer Maria und vor ihr knieendem Josef; im Hintergrund das Kind in der Krippe. Im unteren Bildteil ein im Schneidersitz flötender Hirte mit zahlreichen Tieren. Bei den Darstellungen aus der Barockzeit - Übermalungen vorhandener Fresken - fällt eine „Maria orans" auf. Das Kind vor ihr führt an beiden Händen wie in einer indischen Meditationshaltung zwei Finger zusammen, während die anderen drei Finger gestreckt bleiben. Hier und da ist die spätere Farbe abgeblättert, und die offenbar bedeutenderen Fresken aus der Zeit des Kaiserreichs Trapezunt treten wieder hervor. Auch das Kloster muß damals ein hohes Ansehen genossen haben. Denn Alexios ließ sich hier sogar zum Kaiser krönen.
Das Sumela-Kloster war später ein Marienheiligtum mit einer angeblich vom Hl. Lukas gemalten Inkone. Der Historiker Fallmerayer, der das Bild noch gesehen hat, nannte es abschätzig „ein byzantinisches Farbengekleckse auf Holz". Jedenfalls hat es dem Kloster in Abbildungen zu einem einträglichen Geschäft verholfen.
Wir fahren wieder zurück. Straßenarbeiten und ungeschützte Abhänge mit Schotterkanten machen dem Fahrer Schwierigkeiten. Unser Weg führt an Haselnuß- und Tabakfeldern vorbei, beides wichtige Ausfuhrartikel. Auf den Feldern arbeiten fast nur Frauen, schon von weitem kenntlich an ihren breit gestreiften bunten Röcken oder Rockhosen. Sie sind es, die die schweren Säcke auf ihrem Rücken tragen. Männer sieht man nur als Aufsicht. Auch das kann man unterwegs erleben: Eine Frau watet durch ein Gewässer, wobei sie einen Mann auf dem

Rücken trägt. Ist er vielleicht gehbehindert? Weit gefehlt. Als sie mit ihrer Last das Ufer erreicht, schreitet der Mann munter los. Sie geht in gebührendem Abstand wieder hinter ihm her. Aber er hat doch wenigstens keine nassen Füße bekommen.

Nach einer Kurzpause im Hotel fahren wir mit dem Bus durch den modernen, zu rasch emporgewachsenen gesichtslosen Teil der Stadt Trapezunt, über eine Straße, die erst noch eine Straße werden soll, durch Löcher und über Buckel steil hinauf. Der Märchenklang des Namens Trapezunt verblaßt angesichts solcher Zustände. Es bleibt nur Trabzon, der heutige Name einer türkischen Stadt mit allen Schwierigkeiten einer zu rasch wachsenden Eiwohnerzahl.

Und es bleibt das türkische Trabzon und ein Schatten auf seinem Namen. Am 28. Juli 1915 berichtete der amerikanische Konsul: „... Am Donnerstag, dem 1. Juli, wurden alle Straßen ... bewacht, und das Werk der Austreibung der Armenier aus ihren Häusern begann ... und sobald etwa 100 zusammengekommen waren, wurden sie von den Gendarmen mit aufgepflanztem Bajonett am Konsulat vorbei in Hitze und Staub auf der Straße nach Erzurum hingetrieben ... Das Weinen und Klagen der Frauen und Kinder war herzzerreißend ... Mit Dienstag, dem 6. Juli waren alle armenischen Häuser in T... geleert und ihre Bewohner deportiert worden ..."

Unberührt ist die Erinnerung an den Glanz Trapezunts als Hauptstadt des gleichnamigen Kaiserreichs, damals ein Klang aus Tausend und einer Nacht.

Hoch oben, früher weit vor den Toren der Stadt, steht auf einem Vorsprung über dem Meer gelegen, die Hagia Sophia, heute nach der Restaurierung ein Museum. Die vom Kaiser Manuel I. Komnenos um 1250 als seine Grablege gestiftete Kirche ist eine dreischiffige Basilika mit zentraler Kuppel. Bemerkenswert sind vor allem die

Freskenmalereien der Kirche. Besonders schön im Chor die „Aussendung der Apostel". In der Kuppel schwebt majestätisch Christus, umgeben von sich neigenden Engeln. Die in den Hängekuppeln behandelten Themen Geburt, Taufe, Kreuzigung und Auferstehung sowie Jakobsleiter und Engelkampf lohnen eine eingehende Betrachtung.
Durch die nördlichen Teile der Stadt fahren wir an den Ruinen des Lustschlosses der Kaiserin Irene von 1340 vorbei auf den Boztepe, der die Stadt hoch überragt. Unter uns die mächtigen Mauern der Zitadelle, die ehemalige Kathedrale und eine dem Stadtheiligen St. Eugenios geweihte Kirche. Leider regnet es. So können wir nur in einem schwachen Abglanz die schöne Lage der Stadt am Meer und an den schwingenden Hängen der Berge erkennen. Die nackte Dürftigkeit ihrer Neubauten verliert sich in der Entfernung.
Wir setzen unsere Besichtigung fort, die uns herunter zu St. Anna führt, der ältesten bescheidenen Kirche aus dem 7. Jahrhundert mit drei schönen Apsiden. Anschließend geht es zur schlichten Moschee, dann zur alten Festung und zu den wenigen Resten des einst herrlichen Kaiserpalastes (Bessarion, ein Geistlicher der griechisch-orthodoxen Kirche und später Kardinal in Rom, hat als Gesandter des Kaiserreichs Byzanz über das prunkvolle Innere des Palastes eindrucksvoll berichtet).
Weiter kommen wir zur ehemaligen Kathedrale, die wir bereits vom Boztepe erblickten und die heute eine Moschee ist. Hier sind an zwei Wänden Teile der prachtvollen farbigen Marmorverkleidung erhalten, die einst die ganze Kirche schmückte.
Die Tagesbesichtigung ist zu Ende. Für den Abend hat Ali zu einer Folklore-Veranstaltung in die Aula der Universität eingeladen. Die Tänzer, Sänger, Musiker und Spieler sind sämtlich Studenten, die ihre Kunst nur in ih-

rer Freizeit üben und ausüben können. Die Gruppen bringen Tänze ihrer Heimat, aus verschiedenen Gegenden; ländliches Leben wird dargestellt, Feste und Brautwerbung. Das Niveau ihrer Darbietungen ist beachtlich, vor allem bei den Tänzern und Tänzerinnen. Vieles ist bühnenreif, auch für hohe Ansprüche. Von geradezu akrobatischer Körperbeherrschung im Tanz sind fünf Studenten in schwarzen Kostümen, dazu ein Trommler, der ihnen an Beweglichkeit der Hände und des Körpers in nichts nachsteht. Was die Studenten hier an Können zeigen, stellt jede kommerzielle Folkloreaufführung weit in den Schatten. Es wird spät an diesem Abend, aber wir nehmen die verkürzte Nachtruhe gern in Kauf.
Am nächsten Morgen fahren wir erst um 8.30 Uhr ab. Die Strecke nach Erzurum beträgt 360 km und führt über drei Pässe. Es geht zunächst wieder im Tal des Mühlflusses aufwärts. In steilen Kurven windet sich die Straße am Berg hoch. Bis zum Zigana-Paß muß sie auf 1900 m ansteigen. Die Fahrbahndecke ist ausgewaschen und die Ränder sind eingezackt. Der starke LKW-Verkehr fordert vom Fahrer immer wieder ein sehr nahes Heranfahren an die Straßenkante. Wir sind froh, daß er Ruhe und gute Nerven bewahrt.Über dem Zigana-Paß hängen die Wolken tief herunter. Nun geht es hinab in das Tal des Arschit-Flusses, der wie der Mühlfluß westlich von Trapezunt ins Schwarze Meer fließt, dann wieder das Tal aufwärts, wo uns eine schöne Satteldachbrücke aus der Barockzeit zu einer kleinen Pause anhalten läßt. Hier zogen noch zu Anfang dieses Jahrhunderts Karawanen, die die Schätze Zentralasiens nach Trapezunt brachten, wo dann der Seeweg begann. Jährlich waren zehntausend Kamele unterwegs, täglich etwa dreißig.
Die Wasser des Flusses strömen reißend dahin, die Wiesen grünen und blühen. Entgegen allen schlechten Vor-

aussagen scheint heute die Sonne am blauen Himmel. Wir verlassen das Flußtal und überqueren die noch zum ostpontischen Gebirge gehörenden Höhenzüge. Wie fast überall in diesem Land, reisen wir hier über geschichtsträchtigen Boden. Von der Schulzeit her kommt ein Erinnern an den „Heraufzug" des Xenophon auf die Gebirge als Anführer der heimwärtsstrebenden griechischen Soldaten. Prinz Kyros war beim Kampf um den persischen Thron 401 v. Chr. in der Schlacht bei Kunaxa in Mesopotamien gefallen, die Heerführer seiner griechischen Söldner vom Großkönig ermordet worden. So kämpften sich die Griechen durch feindliches Gebiet nach Norden zum Schwarzen Meer durch. Hier, auf einer Paßhöhe der pontischen Gebirge, sahen sie nach vielen Strapazen die rettende Küste und riefen voller Freude: „o thalatta", o Meer, Meer!
Wir nehmen auf friedlichen Wegen die entgegengesetzte Richtung, lassen das Schwarze Meer in unserem Rücken und fahren dann im weiten Tal des Corut und durch die Stadt Bayburt, die von einer mächtigen Festung überragt wird. Sie stammt aus byzantinischer Zeit, von den Seldschuken später noch ausgebaut. Weiter geht es in Richtung Süden über die schon weit über 2000 m ansteigenden Bergketten. Die Landschaft wird hochalpin. Der Kopadag-Paß, den wir überqueren, ist mit 2400 m so hoch wie der Gotthard. Er ist die Wasserscheide zwischen dem Schwarzen Meer und damit auch dem Mittelmeer und dem Indischen Ozean. Gleich hinter dem Paß eröffnet sich uns ein gewaltiges Panorama. Vor uns liegt die weite Hochebene des oberen Euphrat, der nordöstlich von Erzurum entspringt. Dahinter erheben sich die Gebirgszüge des Pandoken-Gebirges mit schneebedeckten Häuptern. Wir kommen dann in das Haridtal, das in einer Erdbebenzone der Türkei liegt. Von den letzten Beben sind noch starke Zerstörungen zu sehen. Denn auch

Erzurum,
Detail an der Außenwand einer Medrese

Erzurum befindet sich im Erdbebengebiet und hatte mehrfach große Verluste zu beklagen. Nach dem langen Fahrtag ist es eine Wohltat für uns, in ein angenehmes und gepflegtes Hotel zu kommen.
Erzurum liegt 2000 m hoch, umrahmt von 3000 m hohen schneebedeckten Bergen, die ihr Winterkleid nur für zwei Monate, August unhd September, ablegen. Der Winter dauert acht Monate und ist äußerst streng. Es kann bis zu minus 40 Grad kalt werden. Und manchmal kommen Wölfe bis zur etwas außerhalb liegenden Universität.
Die Stadt, als Grenzfestung Theodosiopolis errichtet, bekam nach der Eroberung durch die Seldschuken im 11. Jahrhundert den Namen Erzurum, das heißt Land der Romäer, wie sich die Byzantiner als Erben Roms nannten. So war auch der offizielle Name des Seldschukenreiches „Sultanat von Rum“ ein Zeichen der Nachfolge.
Bei der Vorbereitung für den Aufstand Kemal Atatürks gegen die osmanische Regierung und die Allierten hielt er eine wichtige Konferenz in Erzurum ab, an die heute ein großes Denkmal erinnert. In den letzten Jahrzehnten bekam die Stadt die Bedeutung einer Zentrale für Ostanatolien, vor allem durch die 1958 hier gegründete Universität.
Die Stadt besitzt bedeutende Zeugnisse aus der Seldschukenzeit. Die Große Moschee - die Ulu Camii - von 1179 ist ein nüchterner Viereckbau mit einem Seitenminarett. Nach Art der Seldschukenmoscheen ist sie mehr breit als lang. In der Mitte, wo wohl ursprünglich eine kleine Hoföffnung war, befindet sich ein schönes Stalaktiten-Gewölbe.
Ali erzählt uns aus seiner Religion sehr eingehend und interessant über das „Große Gebet“ des Moslem beim Gottesdienst am Freitag. Dabei werden bestimmte Haltungen eingenommen. Der Betende beugt seinen Kör-

per, bewegt die Arme und Hände oder wirft sich vor seinem Gott nieder; manches davon ist aus dem Judentum übernommen. In Mekka und Medina lebten zur Zeit Mohammeds im 7. Jahrhundert viele Juden. Auch das Christentum kannte das Gebet mit erhobenen Händen, man denke an die Darstellungen der „Maria orans". Und auch in griechischen Texten lesen wir „... er erhob seine Hände zum Himmel ..." Unser heutiges Beten mit gefalteten Händen ist wohl beeinflußt von den Mystikern, die meditativ Gott in ihrem Inneren suchten. Außer dem „Großen Gebet" ist der Moslem an den normalen Tagen fünf Mal zu einem kurzen Gebet verpflichtet; an die Frau richtet sich das Gebot nicht.

Nun wieder zur Besichtigung. Neben der Großen Moschee befindet sich die Zwei-Minarett-Medrese, die nach ihren beiden besonders schönen, mit farbigen Fliesen eingelegten Minaretten so heißt. Es ist der übliche Typ einer Medrese, d.h. Koranschule, um einen Hof herum, mit Arkaden an den Seiten und drei offenen Iwanen (Hallen).

Gegenüber dem Eingang schließt sich das Grab des Stifters an. Während die Medrese, abgesehen vom Portal, schlicht ist, zeigt sich der kreisrunde Grabbau reich gegliedert durch Wülste, Bänder, Säulen und Verzierungen am Dach. Hier sind Einflüsse armenischer Baukunst zu erkennen.

Unweit auf einem Platz die sogenannten „drei Türben", Grabmäler vornehmer Personen. Das älteste von 1180 ist reich und mannigfaltig gegliedert mit Tierdarstellungen oberhalb der Fenster. Bei diesen Bauten handelt es sich um ein „Kümbet", das im Gegensatz zur Türbe aus zwei Stockwerken besteht; unten der eigentliche Grabraum, oben der Gebetsraum.

Wir wandern dann hoch zur Festung mit dem gut erhaltenen Mauerring, der bereits 349 n.Chr. von den Römern

als Schutzwall errichtet, später verstärkt und von den Seldschuken endgültig geprägt wurde. Von den Gebäuden innerhalb der Mauern steht nur noch die kleine Festungsmoschee. Sie wirkt wie eine armenische dreischiffige Kuppelkirche. Davon abgesetzt steht das Minarett aus roten Ziegeln mit einem pittoresken Aufbau aus dem 19. Jahrhundert, ein weithin sichtbares Wahrzeichen der Stadt.
Anschließend gehen wir hinunter zur zweiten großen Medrese, der Jakutye von 1308. Das Portal ist noch reicher verziert als bei der ersten. Auch islamische Kunst ist nicht nur ornamental, sondern ziert hier die Außenwände mit einer Reihe von figürlichen Reliefs. So ist seitlich ein palmengefächerter Lebensbaum über zwei Löwen dargestellt. Das Minarett ist mit farbigen Fayencen belegt. Wir dürfen ins sonst verschlossene Innere hinein. Abweichend vom üblichen Typus kein Hof, sondern eine geschlossene Halle mit Seitengemächern und Iwanen. Die Säulen an den Ecken der Iwane sind mit reichster Ornamentik überzogen. Gegenüber dem Portal liegt, wie bei der ersten Medrese, der runde Grabbau des Stifters.
Wir besichtigen noch weitere kunstgeschichtlich interessante Bauwerke und verlassen dann nach dem Mittagessen Erzurum in östlicher Richtung. Unmerklich steigt die Landschaft an und fällt wieder ab; und wieder sind wir über eine Wasserscheide gefahren, dieses Mal vom Kaspischen Meer zum Indischen Ozean. Am Oberlauf des Aras fahren wir ein Stück am Fluß entlang und kommen an einer sehr mächtigen Steinbrücke vorbei. Etwas weiter durchbricht der Aras in einer langgezogenen Schlucht die Felslandschaft. Bei Karakurt machen wir eine Teepause. Es gibt einen kleinen Auflauf um einen freundlichen Türken und uns. Er arbeitet in Bochum, begrüßt uns freundschaftlich und läßt es sich nicht neh-

Arastal

men, unseren Tee zu bezahlen. Er ist sichtlich herausgehoben aus seiner dörflichen Gemeinschaft, wie er da weltmännisch mit uns umgeht. Hier und heute ist seine große Stunde. Ein Familienfoto beschließt unseren Aufenthalt.
Wir fahren jetzt in einem kleinen Seitental des Aras empor und kommen in eine alpenähnliche Landschaft mit Wäldern und Wiesen. Von der Höhe haben wir einen weiten Blick über die Bergketten. Ganz im Hintergrund die charakteristische schneeweiße Spitze des über 4000 m hohen Toktüder Dagh am Vansee. Gleich darauf stoßen wir auf ein beim Straßenbau entdecktes Obsidian-Vorkommen, das wir natürlich sehen wollen. Wer findet den schönsten Stein? Wir suchen eifrig, je nach Geschmack große Stücke oder nur die ganz dünnen, die beim Hindurchsehen farbig schimmern. Unachtsam zerschlägt jemand ein großes Obsidianstück mit einem Stein. Die feinsten Splitter übersäen meine Hände. Vorsichtig versuche ich, sie alle abzuschütteln oder herunterzublasen. Denn viele sind so klein, daß man sie kaum noch sieht, mehr spürt.Und alle sind messerscharf. Obsidian wurde bereits in der Steinzeit zu Klingen und Pfeilspitzen bearbeitet.
Bei der Weiterfahrt kommen wir zu ausgedehnten Weideflächen mit großen Schafherden, Kühen und vielen Pferden. Überraschenderweise sieht man hier auch Gänse, eine Hinterlassenschaft der russischen Besatzung von 1878 bis zur Rückgabe des Gebietes durch Lenin an Kemal Atatürk. Die Gänse sind geblieben, denn auch die Moslems dieser Gegend halten jetzt welche. Auch Kars ist von der russischen Zeit geprägt, vor allem die Häuser und die öffentlichen Gebäude. Der Bahnhof könnte in jeder russischen Mittelstadt stehen. Es ist eine Stadt von etwa 50.000 Einwohnern mit viel Kasernen und viel Militär. Im übrigen eine Stadt, wie man sie sich „hinten weit

in der Türkei" vorstellt. Es gibt fast nur einstöckige Häuser. Die breite Straße zeigt Versuche einer Teerdecke, sonst viele Löcher und seitlich Sandgruben. Dann immerhin festen Bürgersteig. Bei Regen bleibt diese Hauptstraße noch passierbar, die übrigen ertrinken im Schlamm.

Unser Hotel heißt Yilmaz, was der „Unermüdliche" bedeutet und ein sehr beliebter Name ist, seitdem die Türken sich auf Befehl Atatürks in den dreißiger Jahre Nachnamen zulegen mußten. Kalt ist es in unserem Hotel, kalt und klamm. Selbst die mitgebrachten Kleidungsstücke fühlen sich feucht an. Und die zwei harten Decken im Bett wärmen wenig. Es gibt ein großes Frieren.

Während wir am nächsten Morgen das Museum von Kars besichtigen, das interessante Stücke der Volkskunst bietet, holt Ali mit unseren Pässen die Genehmigung zur Fahrt ins nahe Ani. Es befindet sich im militärischen Sperrgebiet und kann erst seit einigen Jahren jeweils mit besonderer Genehmigung besucht werden. Jede Gruppe erhält einen bewaffneten Soldaten als Begleitung, der darauf achtet, daß man strikt auf den Wegen bleibt. Die im Südteil gelegenen Bauten sind nach wie vor unzugänglich.

Etwa zur Zeit Karls des Großen gegründet, war Ani vor tausend Jahren die volkreiche Stadt des armenischen Königreiches (950 - 1050). Auch nach dessen Untergang blieb es ein bedeutender Ort, bis es durch ein Erdbeben im 14. Jahrhundert zerstört und von der Bevölkerung verlassen wurde.

Da Regen angekündigt ist und die Straße sehr schlecht werden kann, fahren wir mit Ali gleich los. Schon nach kurzer Zeit tauchen die mächtigen Mauern des alten Ani vor uns auf. Heute ist der Ort eine Ruinenstätte. Er liegt auf der Höhe zwischen zwei Flußtälern, von denen das

östliche gleichzeitig die Grenze zwischen der Türkei und der Sowjetrepublik Armenien bildet. Durch die beiden Flußtäler war Ani nur im Norden angreifbar. Dort schützte die gewaltige Doppelmauer, die noch in großem Umfang erhalten ist.
Auf dem Gelände der Stadt befinden sich fast nur noch Kirchenbauten und eine Moschee. Davon stehen einige nahezu vollständig, andere in Teilen; von manchen sieht man kaum mehr als die Fundamente. In ihrer äußeren Erscheinung sind die Kirchen von großer Vielfalt. Es gibt Zentralbauten und Basiliken, Kreuzkuppelkirchen und Vierkonchenbauten. Leider besteht gänzliches Fotografierverbot.
Die besterhaltene ist eine am Talhang gelegene Gregorskirche, die im Innern eine nahezu vollständige Ausmalung besitzt. Besonders eindrucksvoll ist die Kathedrale, ein stattlicher, viereckiger Bau von überraschend monumentaler Innenwirkung. Leider ist die große Zentralkuppel eingestürzt. Die Kirche hat eine sehr schöne Akustik. Wir singen gemeinsam „Lobe den Herren ..." und Ali gibt ein Solo.
Die interessanteste ist die von König Gagik I. gestiftete Königskirche. Sie war außen kreisrund, bildete aber im Innern ein Kreuz und besaß eine mächtige Kuppel. Nach ihren Ausmaßen war sie mit Sicherheit der bedeutendste Bau des alten Ani, ist aber besonders stark zerstört. Am Boden liegen noch zahlreiche gewaltige Kapitelle mit Wülsten und Spiralen.
Alis Wetterbefürchtungen trafen nicht ein, vielmehr schien hier in Ani die ganze Zeit über die Sonne, so daß wir von den vielen Bekleidungen nach und nach wieder einige ablegen können. In sattem Grün und mit vielen Wiesenblumen duftet die Landschaft nach Frühsommer.
Wir fahren wieder zurück und besichtigen Kars. Die Kathedrale ist ein armenischer Viereckbau aus der Zeit

um 900 mit hoher Kuppel, sparsamen Ornamentbändern und plumpen Apostelfiguren um die Kuppel herum. Im Innern ist sie nicht zu besichtigen; angeblich - und glaubhaft - wegen Taubenmist.
Nach einem steilen Aufstieg zur Zitadelle, deren oberster Teil noch militärisch genutzt wird, haben wir einen schönen Blick auf die Stadt, die direkt an einer Hügelkette liegt, und das weite Land ringsum. Von hier oben sieht man hier und da auch schon ein mehrstöckiges Haus und einige Fortschritte in der Straßenerschließung.
Beim Abendessen sind wir nicht alle beisammen. Eine Telnehmerin ist gestürzt und hat sich an der Hand verletzt. Ali bringt sie mit einem Taxi zum Arzt, wo nach einer Röntgenaufnahme der glatte Bruch gegipst wird. Das Kofferpacken fällt jetzt dem Ehemann zu.
Am nächsten Morgen verlassen wir Kars und fahren die gleiche Strecke zurück, auf der wir gekommen sind. In der klaren Morgenluft leuchten die schneebedeckten Berge. Ali singt für uns ein türkisches Lied: „Meine Liebe mit den Olivenaugen ...“ Er hat eine schöne warme Stimme. An unserer Teepausenstation mit dem Türken aus Bochum wollen wir wieder rasten. Aber das Lokal ist geschlossen; inzwischen hat der Ramadan angefangen. Von hier an folgen wir flußabwärts dem Lauf des Aras. Zu beiden Seiten seiner Ufer blühen in dicken Büscheln oder auch einzeln stehend viele Blumen, roter Klatschmohn, blaue Vergißmeinnicht und die dunkel-hell geteilte Lilie. Da die Landschaft so überaus schön ist, verlassen wir für eine Stunde den Bus und dürfen uns zerstreuen. Je nachdem, wie rasch wir ausschreiten, sammelt uns der Bus dann nach und nach alle wieder ein. Der Aras uns zur Seite verändert immer wieder sein Flußbett. Entweder zwängt er sich brausend durch die Berge oder er ergießt sich breit und in vielen Armen übers Geröll. In der Ferne stehen die hohen Aladag genannten Berge wie eine lang-

gezogene weiße Wellenlinie vor dem blauen Himmel. An den Ufern des Flusses sind hin und wieder eigenartige Felsformationen zu sehen. Hier sind, vom Regen ausgewaschen, dicke Säulenbündel stehen geblieben. Dort ist eine ganze Wand übersät von riesigen runden Steinen, wie wenn Zyklopen sie wahllos hingeworfen hätten. Die Vegetation an den Hängen ist karg geworden, aber immer wieder leuchtet ein Farbfleck auf. Da hat sich in manchen Löchern etwas Schnee angesammelt und läßt jetzt als Tauwasser die Blumen sprießen. Wir fahren immer noch am Aras entlang nach Südosten, auf die sowjetische Grenze zu. Hinter dem Flecken Agabay (der Herr, der das Land besitzt), entfernen wir uns vom Aras, der bald zum Grenzfluß wird.

Wir befinden uns hier schon im kurdischen Siedlungsraum, was an den farbigen, Raum gebenden Nomadenzelten zu erkennen ist. Die Kurden haben bereits im Mittelalter eine eigene Sprache, aber keine Schrift entwickelt. In der Türkei gibt es offiziell keine Kurden, sie werden Bergtürken genannt. Ein Teil der kurdischen Bevölkerung (auch im Iran und Irak) möchte einen eigenen Staat gründen. Als kleine Minderheit haben die Kurden vermutlich geringe Erfolgsaussichten.

Hinter Tuzluca sehen wir links parallel zu unserer Straße ein in den Himmel ragendes Dreieck. Die Schneehaube reicht zu einem Drittel und mehr herunter und endet in einem großzügig ausgefransten Spitzenrand. Es ist das erste Mal, daß wir den Ararat sehen. Sein breiter Fuß schimmert in dunklem Blau.

Wir erreichen Igdir und nach intensivem Suchen von Ali auch eine Imbißstube, die uns hinter verhängten Fenstern trotz des Ramadan etwas auftischt. Zuerst gibt es eine Corbasi, eine kräftige Gemüsesuppe, deren eingestreute Minze ein feines Aroma auf die Zunge zaubert. Dann genießen wir Spiegeleier im Spinatbeet. Endlich etwas Warmes nach den vielen Broten.

Auf der Weiterfahrt entfernen wir uns von der sowjetischen und nähern uns der iranischen Grenze. Gleichzeitig kommen wir immer mehr auf den Ararat zu, so daß wir das dunkle Lavafeld davor und einzelne Bergabsätze und Huckel bereits erkennen können. Begierig nehmen wir sein Bild in uns auf, wie er immer wieder eine andere Silhouette zeigt. Nach kurzer Zeit hüllt er sich dann, wie meist am Tage, wieder in Wolken ein.
Hier und da Kurdenansiedlungen, die sich so grau und bescheiden an den Boden drücken, daß sie auf den ersten Blick wie Ausgrabungsstätten aussehen. Entlang der Straße eine weite Feuchtzone, ein ausreichendes Lebensgebiet für die vielen Störche, die wir hier auch in ihren Nestern sehen.
In dem ganz neuen Ort Dogubayasit laden wir im Hotel Sim Er nur unsere Koffer ab. Dann fahren wir in die Berge hoch. Oberhalb des heutigen Ortes lag das alte Dogubayasit, durch das die große Verbindungsstraße Istanbul - Teheran lief, über die jährlich einhundertsechzigtausend Kamele zogen. An oberster Stelle des alten Dogubayasit liegt die Isak Pascha Burg. Sie wurde 1685 von dem kurdischen Feudalherrn dieses Gebiets begonnen und hundert Jahre später von seinem Enkel vollendet. Es ist ein prunkvoller Herrschersitz. Man ist überrascht, ihn an so entlegener Stelle anzutreffen. Um zwei große Höfe gruppieren sich zahlreiche Bauten aus dem gelblichen Stein der Gegend. Sie zeigen insbesondere an den Portalen und den Fensterlaibungen überquellende Ornamentik des türkischen Barock.
Der Harem hat reich verzierte Seitenwände und einen Festsaal, dem nur die sicher prunkvolle Kassettendecke fehlt.
Daneben steht die völlig erhaltene Moschee. Auch sie ist an den Wänden, besonders beim Mihrab, reich ornamentiert, die Kuppel augemalt. Der Moschee angegliedert ist

ein besonders harmonisch wirkender gewölbter Vorraum. Diente er der geistigen Sammlung vor dem Gottesdienst?
Wir klettern die neunzig Stufen hoch auf das Minarett der Moschee und haben von dort einen großartigen Blick auf die imponierende Anlage, die gegenüberliegenden Felsen und die weite Ebene. Vom Ararat her grollt ein Gewitter herüber.
Unweit an einem Felsenhang steht noch eine Moschee, zu der wir jetzt hochsteigen. Oberhalb der Moschee befinden sich Reste der armenischen Festungsanlage und daneben ein urartäisches Felsengrab aus dem 9. Jahrhundert v.Chr., dessen Außenwand etwas ganz Besonderes bietet: das einzige an Ort und Stelle erhaltene urartäische Felsrelief. Es stellt den dort beigesetzten König mit einem Bock als Opfertier dar vor einer wesentlich größeren Götterfigur. Die niedergehende Sonne wirft einen breiten Lichtstreifen auf den Stein. Als wir wieder in Dogubayasit vor unserem Hotel aussteigen, liegen die beiden mächtigen Berge, der große und der kleine Ararat, völlig ohne jede Wolke da und glänzen im letzten Abendlicht.
Am nächsten Tag haben wir wieder eine große Fahrt vor uns bis nach Van und zum gleichnamigen See. An sich könnte man auf kürzerem Weg über die Berge hingelangen. Aber nicht nur die Straße ist schlecht, es ist auch - aus Sicherheitsgründen - verboten. Die bewaffneten Militärposten stehen in den Bergen weit auseinander. Dazwischen könnte es einem schon passieren, so werden wir eindringlich gewarnt, daß man von kurdischen Banden überfallen und ausgeraubt wird. Hilfe aus der Bevölkerung sei dann nicht zu erwarten, denn es handelt sich um Stammesverwandte, und die allgemeine Armut ist hier sehr groß. Auch vom Iran her sollen gelegentlich bewaffnete Soldaten ins Aladag-Gebirge kommen, wenn

Der Ararat

sie Versorgungsschwierigkeiten haben. Wir sollen uns daher in den Bergen auch vom Bus nicht weit entfernen. Was hier Wahrheit ist und was Fama, kann der Reisende nicht ermessen. Ohnedies ist nur der weitere Weg über Agri erlaubt.

Die an uns vorübergleitende Landschaft füllt sich mit Leben. Störche, Wasserbüffel und große Schafherden mit braunem Fell finden ihre Nahrung auf Wiesen und Feldern und in der Nähe der silbrig eilenden Wasser des Murat-Euphrat. Mit Staunen entdecken wir, mit welch primitiven Geräten hier noch gearbeitet wird. Gelegentlich sind sogar noch Holzpflüge zu sehen und uralte Wagen mit Scheibenrädern. Wir wenden uns vom Fluß ab nach Süden und nähern uns dem Süphandagh, der mit 4434 m der höchste Berg der Gegend ist und schon direkt am Vansee liegt. Nach einer Mittagsrast geht es weiter über Hochflächen, die Vanberge immer vor uns. Schließlich kommen wir an den See und fahren an ihm entlang. Er ist siebenmal so groß wie der Bodensee. An diesem Teilstück, einer weiten spiegelglatten Wasserfläche vor einem Gebirgszug, könnte er an ihn erinnern. Nach Van sind es noch immer 90 km bei teilweise sehr schlechter Straße. Das Wasser des Sees glitzert im milden Nachmittagslicht. Am dunstigen Himmel ballen sich grau-weiße Wolken zusammen. Über hügeliges Land geht es weiter, bis wir im Süden die Ausläufer des mächtigen Taurus-Gebirges sehen, mit Höhen bis zu 4000 m. Endlich kommt Van in Sicht, wo wir zwei Nächte bleiben wollen und einen gut gelegenen Ausgangsort für unsere Besichtigungen haben werden.

Hätte ich doch nur keine Kleinwäsche gemacht, denke ich am Abend erschrocken. Denn schon kurze Zeit danach schwillt ein Finger meiner rechten Hand stark an, wird immer dicker und zeigt in Kürze rot durchscheinende Streifen. Ob ich mir durch das Auswringen der

Wäsche ein feinstes messerscharfes Obsidianstäubchen aus der oberen Hautschicht nach innen gepreßt habe? Was mache ich nur? Jetzt, gegen 22.00 Uhr sind doch alle Arztpraxen geschlossen. Ich wende mich an Ali, der sich ohne Murren auch am Abend stören läßt. Kaum hat er den Finger gesehen, besorgt er eiligst ein Taxi und fährt mit mir ins Krankenhaus.
Ich bin darauf gefaßt, in ein nächtlich stilles Haus zu kommen. Aber der lange Flur, über den wir geführt werden, ist voller Menschen. Männer, Frauen, zumeist Landbevölkerung, wie ich nach der Kleidung vor allem der Frauen vermute, sitzen hier dicht an dicht, Körbe, Taschen, Tüten neben sich abgestellt, und schauen erstaunt auf. Mir sinkt der Mut. Wann komme ich wohl dran, wenn hier schon so viele Patienten warten? Aber Ali hält sich gar nicht auf und geht direkt aufs Arztzimmer zu. Ich mag mich nicht vordrängen. Doch meine Hemmungen treten zurück hinter der Angst, die ich angesichts dieser chaotischen Zustände bekomme; Angst vor einem türkischen Krankenhaus am hintersten Ende der Welt, Angst vor einem Arzt in diesen Verhältnissen. Wie steht es mit seiner Ausbildung, seinen Fähigkeiten, finde ich hier eine sachgemäße ärztliche Betreuung?
Dann kommt die Überraschung. Zwar ist auch dies Zimmer, in das ich geführt werde, nur bescheiden, nicht viel anders als das Haus und die Flure. Aber um einen Tisch in der Mitte breitet sich eine strahlende Insel der Sauberkeit und Hygiene aus. Die Schwester kommt uns in gepflegter Berufskleidung entgegen. Ein Arzt sitzt da in blütenweißem Kittel, der leuchtend absticht gegen seinen dunklen Hauttyp. Sein aufmerksamer Blick, sein gesammelt ruhiges Gesicht wirken beruhigend auf mich, als er meine Hand prüfend in seine beiden Hände nimmt. Ali erzählt ihm die Vorgeschichte, auch das mit dem Obsidian. Der Arzt nickt nur, es sei Zeit, daß ich

gekommen bin, behandelt dann sorgfältig meinen entzündeten Finger; gibt mir den Rat, in Kürze nochmals einen Arzt aufzusuchen. Mit einem dicken Verband und Medikamenten versorgt, kann ich mit Ali das Krankenhaus verlassen. Im Hotel kann ich nicht gleich einschlafen. Die Hand pocht noch immer. Aber dann komme ich doch zur Ruhe.
Von Van aus fahren wir am Morgen in westlicher Richtung am See entlang nach Gevas. Dort ist im Jahre 1358 für eine Prinzessin des Turkmenenstammes der „Schwarzen Hammel" eine sehr schöne Türbe errichtet worden. Über hohen schmalen Nischen eines Zwölfecks läuft ein Simsband mit reichem Schmuck unter steilem Pyramidendach. Ernste Pappeln und die Nähe eines Friedhofs betonen die Feierlichkeit des Ortes im Angesicht der schneebedeckten Tauruskette. Unter den Aufschriften der reich verzierten, teilweise sehr stark verwitterten Grabsteine entziffert Ali die beiden Jahreszahlen 1567 und 1593. Die Gegend wurde erst 1548 osmanisch, daher dürfte der Friedhof erst seitdem belegt sein.
Wir fahren am See entlang weiter zur Anlegestelle für die Überfahrt zur Insel Achtamar. Auf der Nordseite des Sees der erloschene Vulkan Nemrud Dagh, mit einer Höhe von 3050 m weithin sichtbar. (Nicht zu verwechseln mit dem Berg Nemrud Dagh westlich des Euphrat, unserem letzten Reiseziel). Sein Ausbruch vor etwa hunderttausend Jahren hat den Vansee stark verkleinert und ihn abflußlos gemacht. Dadurch ist im Laufe der Zeit sein Wasser laugenhaltig geworden. Fische leben nur, soweit die Zuflüsse frisches Wasser bringen. Weiter im See gibt es keine Fische. Daher siedelten sich keine Fischer an den Ufern an. Es fahren kaum Schiffe; aber eine Fähre über das Wasser erspart der Eisenbahn den weiten Weg um den See herum. Der Vansee wirkt still und einsam, eher ernst als heiter, zumeist bleigrau ohne Tiefe, von seltsamer Melancholie erfüllt.

Eine rasche Motorbootfahrt bringt uns zur Insel Achtamar. Dort hatte König Gagik I. von 915 - 921 einen Königspalast und ein Kloster bauen lassen. Die meisten Bauten sind verschwunden. Erhalten aber blieb die Klosterkirche zum Heiligen Kreuz, eine der bedeutendsten armenischen Kirchen. Sie ist nicht allzu groß; in Kreuzform mit vier Konchen und einer Kuppel in der Mitte gebaut, wobei sich im Westen eine quadratische niedrige Vorkirche anschließt.

Einzigartig ist der die gesamte Kirche in vielfältiger Form umziehende Reliefschmuck. So weiht auf der Westseite König Gagik die Kirche dem Erlöser. Im Norden sieht man den Sündenfall und Simson, der die Philister erschlägt; sowie Daniel in der Löwengrube. Große Propheten- und Heiligengestalten schmücken die Ostfassade. Im Süden erscheinen die Gottesmutter und der thronende Christus; weiter sieht man hier David und Goliath und, sehr amüsant erzählt, die Jonasgeschichte; gerade hat das Seeuntier ihn ausgespien, da ruht Jonas schon langgestreckt und völlig entspannt im Schatten einer Kürbislaube. Hinzu treten unzählige Tierdarstellungen, teils von wirklichen, teils von Fabeltieren: zwei kämpfende Hähne; Adler, der einen Hasen schlägt; eine säugende Bärin; ein Bär beim Honigschlecken. Von den Giebeln blicken große Heiligengestalten herab. Der Figurenzyklus ist durch Tiefenbrechungen so angelegt, daß er durch den Lauf der Sonne und das wachsende Licht zu prallem Leben erweckt wird und wieder im Dämmer versinkt, wenn die Sonne weiterwandert. Das ganze ist eine ungeheuer reiche Welt und in der armenischen, sonst so skulpturarmen Kunst einmalig. Hinzu kommt die herrliche Lage im stumpf-türkisfarbenen See, von schneebedeckten Bergen umgeben.

Auch die Pflanzenwelt der Insel überrascht durch eine große Vielfalt. Wir streifen zu zweit oder zu mehreren umher, und die Fachleute unter uns finden manche Seltenheit. Während mich die Blumen locken und die Farben erfreuen, studieren andere einen struppigen Busch oder ein rauhes Blatt. Und der See ruft zum Bade. Aber da er 1720 m hoch liegt, ist sein Wasser Anfang Juni recht frisch. Trotzdem schwimmt einer der Teilnehmer in seinen Fluten, ein anderer steigt bis zu den Knien hinein. Die Haut fühlt sich geschmeichelt vom weichen Laugenwasser. Nach einem gemeinsamen Picknick im Schatten der Kirche machen wir eine Bootsfahrt um die Insel herum. Auf einem vorgelagerten Eiland sind noch die Reste einer Kapelle aus dem 8. Jahrhundert zu entdecken. Die Sonne hat sich verzogen, in der Ferne sieht man Regenwolken. Ein starker Wind kommt auf und läßt auf der Rückfahrt die Wellen kräftig in unser Boot schlagen. Wer kein Bad genommen hat, wird jetzt naß.

Wir fahren anschließend zum Gebiet der früheren Stadt Van mit hohem armenischen Bevölkerungsanteil. Sie lag bis 1915 südlich eines hohen Felsrückens. In den folgenden Kriegsjahren ist sie verschwunden; genaue Unterlagen gibt es darüber nicht. Aus der Ruinenstätte ragen die Reste einiger Moscheen und einer armenischen Kirche hervor. Dahinter sieht man zwei reizende kleine Türben in offener Arkadenform.

Wir können das ganze Areal von der Höhe des Felsens aus sehr gut überblicken. Hier oben lag die urartäische Königsburg, von der charakteristische Mauerteile und zahlreiche Inschriften erhalten sind. Die Urartäer tauchten etwa 1200 v.Chr. auf und bildeten ein Reich, das den Mittelpunkt und seinen Königssitz in Van hatte und sich nach Nordosten bis Eriwan erstreckte. Wir wissen von den Urartäern aus den Keilschriften der Assyrer, die mit ihnen Kämpfe geführt haben. Vor allem in den Archiven in Eriwan sind bedeutende Keilschriften gefunden worden. Die Urartäer sind um 600 v.Chr. wieder aus der Ge-

Gevas, Türbe mit Taurus im Hintergrund

schichte verschwunden. Wie sie untergegangen sind, ist nicht bekannt. In ihrem Siedlungsgebiet erschienen dann die Armenier.
Der Felsen mit der urartäischen Burg ist hundert Meter hoch und erstreckt sich über eine Länge von tausend Metern. In recht mühevollem An- und Abstieg besichtigen wir die vier Königsgräber, die in den Felsen gehauen sind, und ein urartäisches Torheiligtum. Von den später auf diesem Berg sitzenden Völkerschaften haben sich noch das Minarett einer Moschee und ausgedehnte Befestigungsanlagen erhalten, zum Teil aus Lehm errichtet und mit Hölzern verstärkt. Außerordentlich beeindruckend auch hier der immer wieder wechselnde Blick auf die umgebende Landschaft, die gewaltige Wasserfläche und den Kreis der Schneeberge.
Nach Van zurückgekehrt, gehen wir ins kleine Museum. Neben vielen urartäischen Keilinschriften ist hier vor allem das Relief des Gottes Chaldi zu finden, das aus massiven Blöcken besteht und im Vorgarten des Museums wieder aufgebaut ist. Der Gott steht inmitten von Blumen in königlicher Gewandung auf einem Stierwesen und befruchtet mit einem Blatt in seiner Hand einen Baum.
Das Museum enthält noch interessante Ausgrabungsfunde aus Cavustepe, wohin uns der folgende Tag führt.
Die urartäische Festung Cavustepe liegt auf dem Ausläufer eines langgezogenen Bergrückens im Tal des Flusses Gücel Su (schönes Wasser). Sie diente gleichzeitig als Fluchtburg für die Bevölkerung der umliegenden sehr fruchtbaren Landstriche. Die jetzt rundherum kahl liegenden Höhen der Umgebung muß man sich zu damaliger Zeit bewaldet denken. Ringsum haben wir wieder einen Blick auf die gewaltigen Berghorizonte.
Die Festung wird seit 1964 ausgegraben. Aus einer aufgefundenen Inschrift wissen wir, daß sie König Sardur II. um 750 v.Chr. erbaut hat, unter dessen Regierung das ur-

artäische Reich seine Blütezeit hatte. Es breitete sich um die drei Seen Urmia, Van und Sevan aus. Zum Schutz seiner Herrschaft und der Bevölkerung errichtete der König ein System von Fluchtburgen.
Heute sind nur noch Fundamente erhalten. Unter den zahlreichen Gebäuderesten, die freigelegt wurden, befinden sich zwei Torheiligtümer. Eine eingemeißelte umfangreiche Keilinschrift verflucht die Frevler am Heiligtum: „Wer das tut, soll schwarz werden wie dieser Stein". Ferner sind Fundamente ausgegraben worden von Feuerstellen, Vorratsräumen mit eingelassenen Gefäßen und Zisternen. Erstaunlich ist die wunderbar exakte Steinmetzarbeit an den mächtigen Mauerblöcken.
Weiter geht es das Tal aufwärts. Schon aus der Ferne ist die gewaltige Ruine einer Festung zu sehen, mit kurdischem Namen Hosab - Schönwasser - genannt, was türkisch Gücel Su heißt. Sie liegt auf beherrschender Felshöhe mit Vorburg und Oberburg, Türmen und Zinnen. Die Urartäer und später die Seldschuken saßen schon hier auf der schier uneinnehmbar wirkenden Berghöhe. Der jetzige Bau stammt jedoch erst von einem kurdischen Feudalherrn aus dem 17. Jahrhundert. Der Herr der Burg erkannte zwar nominell die Oberherrschaft des Sultans an. Aber faktisch war er selbständiger Gebieter in seinem Reich. Der Sultan war weit.
Drei mächtige Mauerringe hintereinander schützen den Hauptbau. Am ersten Mauerring mehrere gewaltige Rundtürme. Ein für den festungsartigen Charakter der ganzen Anlage erstaunlich reich geschmücktes Portal führt in die Burg hinein.
Für einige Bewohner und vor allem die Kinder sind wir die Attraktion des Tages. Sie begleiten uns durch die Ruinen und natürlich wollen sie uns etwas verkaufen. Kleine Keramikscherben, angeblich islamische aus dem 17. Jahrhundert, wechseln ihren Besitzer. In jedem Fall sind

sie ein farbig-glasiertes Erinnerungsstück an diese Reise in eine ferne Welt.
Unten im Dorf lassen wir uns den vorbestellten Tee schmecken. Der Lehrer des Dorfes - aus Manissa im äußersten Westen der Türkei stammend - gesellt sich zu uns. Ali ist wieder Dolmetscher. So hören wir, daß er sich hier im kurdischen Gebiet ein wenig wie in der Verbannung fühlt. Für uns wird es Zeit aufzubrechen. Auf dem kürzeren Weg, wenn auch über einen hohen Paß von 2200 m, geht es zurück nach Van.
Mein Finger, meine Hand schmerzen noch immer, die brennende Hitze ist fast unerträglich. Also suchen Ali und ich einen Arzt auf. Er praktiziert in derselben Straße, so daß wir zu Fuß hingehen können. Obgleich es bereits nach der offiziellen Sprechstunde ist, empfängt er uns sofort in seiner kleinen bescheidenen Praxis, plaudert mit Ali, stellt mir persönliche und medizinische Fragen. Die Atmosphäre ist entspannt, er untersucht meinen Finger eingehend. Dann versieht er ihn mit Salben und einem frischen Verband. Und viel kühlen soll ich die Hand, ist seine letzte Anweisung. Ich will die Rechnung gleich bezahlen, aber er wehrt ab: „Es ist mir eine Freude, Ihnen helfen zu können. Sie sind Gast bei uns, und von einem Gast nehme ich kein Geld." Nur mit meiner Linken kann ich ihm sehr herzlich danken.
Am nächsten Tag brechen wir schon früh um 7.00 Uhr auf. Denn mit 400 km bis Diyarbakir haben wir ein großes Tagesprogramm vor uns. Zunächst fahren wir in westlicher Richtung am Vansee entlang, noch einmal mit einem Blick auf die unvergleichliche Insel Achtamar. Dann schneidet die Straße eine große Halbinsel ab und führt über einen 2235 m hohen Paß mit einem weiten Blick auf die östlichsten Taurusberge. Als wir wieder im Tal sind, fallen uns die vielen Pappeln auf, die überall um den Vansee herum anzutreffen sind. Sie werden hier in

der Gegend als tragendes Gerüst für die Hausecken verwandt, wie wir es mehrfach, auch in Lokalen, gesehen haben. Vor Tatvan kommen wir nochmals an den Vansee und sehen im Hintergrund den Vulkan Nemrud Dagh. Im Hafen von Tatvan liegt die Eisenbahnfähre nach Van. Aber wir verlassen hier endgültig den schönen Vansee und fahren über eine niedrige Wasserscheide in den Tigris-Bereich.
Zu Unrecht habe ich mich vor der langen Fahrt gefürchtet und der dann auftretenden brennenden Hitze in meiner Hand. Denn Ali sorgt dafür, daß ich sie jetzt ausreichend kühlen kann. Unterwegs riecht er das Wasser förmlich und läßt kurz anhalten, damit ich an einem kalten Quell die äußeren Verbände wieder anfeuchten kann. Bei einer Teepause erfrischen wir uns in Bitlis, machen einen Stadtrundgang, sehen Moscheen, Türben, Minarette und über dem Ort die gewaltige Festung. Dann fahren wir weiter über Hügelgruppen und Flußläufe, zuletzt über den Batman Suyu. Über ihn führt eine meisterhafte seldschukische Brücke aus dem Jahre 1147 mit einem einzigen Bogen und einer Spannweite von 35 Metern. Wir fahren auf einer modernen Entlastungsbrücke über den Fluß und erreichen nach etwa 20 km Silvan. Seine Große Moschee aus dem 13. Jahrhundert hat zwei reich verzierte Portale und an einer Seite schöne spitzbogige Schmuckarkaden im oberen Mauerbereich. Innen eine große Kuppel mit Stalaktitentrompen. Draußen auf der Kuppel sitzen mehrere Storchennester mit zahlreichen alten und jungen Störchen - ein pittoreskes Bild. Trauben von Kindern hängen sich an uns, sehr aufdringlich und aggressiv; ein unangenehmes Erlebnis. Und die beabsichtigte Teepause scheitert am Ramadan. Wir fahren also durch bis nach Diyarbakir. Kurz vor der Stadt überqueren wir den hier noch nicht sehr breiten Tigris.

Diyarbakir wird die heimliche Hauptstadt der Kurden genannt. Hier hat die türkische Regierung 1973 eine Universität gegründet und damit auch für den kurdischen Bevölkerungsanteil eine Bildungsmöglichkeit geschaffen.
Hohe Mauern und Tore aus dunklem Stein prägen den Charakter der Stadt, die dadurch einen verhältnismäßig düsteren Eindruck macht. Diese gewaltige Befestigung von 5,5 km Länge, die ihre Bewohner viele Male vor feindlichen Angriffen geschützt hat, zieht sich vollständig über Land hin (ohne die Auflockerung durch eine Meeresküste, wie sie Konstantinopel hat, die andere Stadt mit einem hohen Mauerring). In ihrem gesamten Umfang stammen die Mauern im Kern aus römischer und byzantinischer Zeit. Das Nordtor ist reich an eingebauten Spolien und Inschriften und macht einen wehrhaft abschreckenden Eindruck.
An der Innenseite der Mauern gehen wir entlang bis zum Mardintor. Dort ersteigen wir die Mauer und blicken auf die Stadt herunter mit ihren zahlreichen Minaretten und Kuppeln. Diyarbakir ist eine uralte Siedlung und war durch ihre Grenzlage Bollwerk gegen vordrängende Völkerscharen; im Tigrisknie gelegen beherrschte sie damit den Flußübergang.
Im Gegensatz zu den wehrhaften, auf Kampf und Abwehr eingestellten Bauten, ist Diyarbakir auch eine freundliche Stadt der Störche. Auf jeder der vielen Moscheen sitzt wenigstens ein Storchennest, meistens sind es aber mehrere. Es gibt so viele Störche, daß ihr Geklapper bei der Führung im Hof der Ulu Camii stört; man kann die Worte kaum verstehen.
Dann verlassen wir die Stadt. Wegen einer Straßensperre kommen wir erst auf Umwegen und über eine abenteuerliche Straße an das Ufer des Tigris. Wir überqueren den Fluß auf einer noch heute befahrbaren Römerbrücke

von klassischer Einfachheit und Ausgewogenheit der Form.

Nun geht es nach Süden. Die Landschaft wird karger, aber noch immer herrschen Getreidefelder vor. Wir kommen aus dem kurdischen Siedlungsgebiet in das der Araber. Die Wohnhäuser ändern ihre Form, haben meist eine offene weite Halle. Das Gelände steigt noch einmal deutlich an. Auf der begrenzenden Höhe der großen Hochebene bei Diyarbakir thront die Stadt Mardin. Sie macht schon einen ganz arabischen Eindruck, vor allem in den sehr engen Gassen, der Reihe der dicht an dicht gedrängten Läden, den angebotenen Früchten und Gewürzen in prallen Säcken und ihrem bunten Volksgewimmel. Und Ali hilft wieder, die beliebten Pistazienkerne zu finden oder bei größeren Besorgungen den angemessenen Preis auszuhandeln. Filme allerdings kann auch er nur in den größeren Städten auftreiben; die sind hier im Land Mangelware.

Wir erfreuen uns an den Arkaden oder Reliefs mancher Häuser, dem reich dekorierten Minarett der Großen Moschee und steigen dann zur Sultan-Isa-Moschee von 1385 empor. Es erschreckt uns schon sehr, als wir von der Höhe her unter wildem Geschrei plötzlich mit Steinen beworfen werden, großen Steinen, die erheblich verletzen könnten. Wir pressen uns dicht an die aufragenden Felsen und drücken uns unter Vorsprünge. Ali läuft empört voraus und vertreibt die Kinder. So erfahren wir wieder einmal mehr seine Fürsorge. Und in meine Reiseaufzeichnungen schleicht sich unwillkürlich die dankbare Erinnerung ein an diesen fröhlichen, aufmerksamen und stets hilfsbereiten Menschen.

Die Medrese von Mardin besitzt ein herrliches Portal. Durch mehrere Höfe kann man aufs Dach steigen und die beiden Faltkuppeln aus der Nähe betrachten. Vor allem aber blicken wir sehr beeindruckt auf die unter uns beginnende große Syrische Tiefebene. Parallel zum Höhenzug, auf dem wir stehen, läuft die Bagdad-Bahn und die große Straße von Istanbul über Ankara und Urfa nach Bagdad. Wegen dieser beiden für die Türkei wichtigen Verbindungswege sowie aus Sicherheitsgründen hat Kemal Atatürk diesen Streifen Land aus dem Erbe des Osmanischen Reiches für die Türkei gefordert und erhalten. Daher verläuft die türkisch-syrische Grenze erst kurz hinter diesen beiden wichtigen Verkehrswegen.

Nach dem Mittagessen fahren wir zum unweit in einem bizarren Felstal gelegenen Jakobiten-Kloster Mar Gabriel, dem Sitz des Patriarchen der Jakobiten. Zum Klosterbereich gehören noch etwa 20.000 jakobitische Christen, in der ganzen Türkei sind es etwa 32.000 Anhänger dieser Glaubensrichtung (auf der Welt ca. 3 Millionen). Sie sind eine monophysitische Abspaltung christlichen Glaubens. Sie glauben nur an die eine Natur Christi, nämlich die göttliche, und nennen sich nach dem Mönch Jakobus aus Byzanz, der diese Richtung begründet hat. Das Kloster wurde im 6. Jahrhundert errichtet. Aus dieser Zeit sind drei nebeneinander stehende Kirchen erhalten mit spätantiken Skulpturen an Apsiden, Friesen, Fensterumrahmungen. Das Kloster ist noch heute eine lebendige Niederlassung mit Internatsschule. Es heißt nach einem Bischof aus dem 7. Jahrhundert Gabriel, der hier als wundertätiger Heiliger verehrt wird.

Wir gehen durch die Klosteranlagen, die schlichten Räume, den stillen Klostergarten, unter dessen blühenden Bäumen ein Mönch unterrichtet. Das Kloster besitzt noch etwas Land, ist aber sichtbar sehr arm. Und das gleiche gilt auch für die Jakobitenkirche. Nichts zeigt das deutlicher als ihr sehr kleiner Anteil an der Grabeskirche in Jerusalem. Während die reichen Kirchen den ihnen zugeteilten Raum zu Ehren Christi und ihrer eigenen auf das prächtigste schmücken, andere doch zumindest eine

der Würde des Ortes angemessene Ausstattung haben, befand sich die winzige Jakobitenkapelle in einem vernachlässigten, geradezu trostlosen Zustand, als ich sie (vor Jahren) gesehen habe. Christliche Nächstenliebe hat es nicht vermocht, hier den Jakobiten in finanzieller Hinsicht beizustehen.
Wir verlassen die Gegend von Mardin und fahren herunter in die große syrische Ebene, die hier noch landwirtschaftlich genutzt wird. Die Straße zieht sich stundenlang durch wogende Getreidefelder hin. Man merkt es am starken LKW-Verkehr, daß wir uns auf der großen Route Istanbul - Bagdad bewegen.
Unser Ziel ist Urfa, eine geschichtsträchtige Stätte, die schon Jahrhunderte vor Christi Geburt besiedelt war. Sie wurde im Jahre 1098 unter dem Namen Edessa Hauptstadt des ersten Kreuzfahrer-Staates, nachdem die Christenheit aufgebrochen war, das Heilige Grab zu befreien. Im Jahre 1144 ging Edessa/Urfa an die Seldschuken verloren. Ein wechselndes Geschick hat fast alles wieder vernichtet, was in Jahrhunderten gewachsen war. Vom Kreuzfahrerpalast und den Gebäuden der Seldschuken steht nichts mehr. Es ist Mittag und sehr, sehr heiß. Und nur die ganz Unermüdlichen folgen dem Reiseleiter auf die Spitze des Hügels der ehemaligen Zitadelle. Außer den mächtigen Mauern, die durch einen tief in den Felsen gehauenen Graben geschützt werden, ragen nur noch zwei gewaltige Säulen mit reich verzierten Kapitellen empor.
Wir sitzen danach in einem Park unter großen Platanen am Rande der zwei „Heiligen Teiche“. Eine islamische Lokalsage berichtet, Gott habe, als Abraham hier verfolgt wurde und schon auf einem Scheiterhaufen stand, eine Quelle entspringen lassen, die das Feuer löschte und die beiden Teiche bildete. Wir sehen uns dann die Quelle an und unweit auch die Grotte, einen uralten kultischen

Ort, von dem ebenfalls Abrahams-Legenden erzählt werden. An beiden Stellen kann man heiliges Wasser schöpfen und trinken, aber Männer und Frauen streng getrennt. Zur Grotte führt ein breiter, mit weißem Marmor ausgelegter Zugang, an dessen Seiten zahlreiche Pfeiler mit Inschriften stehen. Als wir Ali fragen, erklärt er uns, hier seien die neunundneunzig Namen Allahs festgehalten.

Es bleibt weiterhin heiß, als wir nach Harran fahren. Auch über diesen Ort fegte seit Abrahams Zeiten der Sturm menschlicher Kämpfe und Zerstörungen; Assyrer, Meder, Römer und Parther, bis Harran im Jahre 1260 von den Mongolen endgültig vernichtet wurde.

Von der Burg der Kreuzfahrer, später der Seldschuken, steht der Rest eines gewaltigen Turmes mit einer Zisterne in der Mitte. Von der Großen Moschee sind noch einige Mauerreste und das Minarett vorhanden. Bruchstücke von Reliefs und Kapitellen liegen in weitem Umkreis verstreut. In der Mitte ein Brunnen, von einem assyrischen Basalt geschmückt.

Brunnen, Wasser, lebenspendender Quell. Es ist ungeheuer staubig hier und sehr windig. Der weite Platz ist festgestampft von vielen Füßen, vielen Hufen. Könnten da nicht Herden kommen, von den Knechten zur Tränke geführt? Schafe und Kamele, die begierig das Wasser saufen, das niedertropft in den Trog? Könnten das nicht Abrahams Herden sein, geht es mir duch den Sinn, der aus Ur in Mesopotamien hierher nach Harran gezogen war? Hier und da stehen Trulli-Häuser aus Ziegel und Lehm mit den kegelförmigen Dächern. In diesen Häusern könnten sie wohnen. Und hier in Harran sind nach dem Buch Genesis die drei Engel bei Abraham erschienen und haben ihm und seiner Frau Sara einen Sohn verheißen. Hierher auch flüchtete Jakob zu seinem Onkel Laban und diente ihm zwei Mal sieben Jahre um Rahel, die Liebliche.

Die Trulli in Harran

Ich weiß es, die Trulli, die jetzt hier stehen, sind erst in unseren Tagen wiedererstanden. Wir werden in ein Trulli zum Tee gebeten, sitzen auf dem mit Teppichen bedeckten Boden und genießen das erfrischende Getränk. Kein Staub, keine Hitze dringen ein. Ein Trulli bleibt durch seine Bauweise luftig; hier staut sich keine brütende Wärme wie unter einem flachen Dach.
Wir verlassen Harran wieder und fahren durch das Hügelland vor dem Taurus nach Norden. Der Reiseleiter zeigt uns in der Ferne den klar hervortretenden Nemrud Dagh, unser morgiges Ziel. Wir erreichen den Euphrat, der hier schon ein mächtiger Strom ist. Zusammen mit dem Tigris, den wir bei Diyarbakir überquert haben, umfaßt er in seinem weiteren Lauf das Gebiet, das die Griechen Mesopotamien genannt haben, das Gebiet „zwischen den Flüssen", wo Babylon und Ur lagen und wo eine der ersten Hochkulturen der Menschheit entstand.
Dann sind wir in der Nähe von Adyaman in unserem Hotel, das der Reiseleiter uns vorher als modern und komfortabel gerühmt hat. Dort erwartet uns eine böse Überraschung: Es gibt keinen Tropfen Wasser! Wir können nicht duschen, ja uns nicht einmal die Hände waschen. Und das nach dieser Hitze. Vielleicht kann man dann aber doch schwimmen? Denn auch ein Schwimmbecken war angekündigt. Es ist auch vorhanden, nur ist es völlig verschlammt und von einer Froschkolonie besiedelt. Die halsbrecherische Treppe paßt dazu. Keine Stufe hat die gleiche Höhe wie die vorhergehende; der vornehme Läufer ist gefährlich verrutscht. Ein denkwürdiges „modernes" türkisches Hotel.
Am nächsten Tag fahren wir schon frühmorgens los zu unserem letzten Ausflug in ein vergessenes Königreich; Kommagene, ein kleiner Staat, dessen Blütezeit in den hundert Jahren vor Christi Geburt lag. In seiner Kultur

und Kunst mischen sich Einflüsse aus dem Westen und Osten, verfeinertes Stilgefühl und grobschlächtige Darstellung. In seinem Götterhimmel haben sowohl der hellenistische Herakles als auch der persische Mithras ihren Platz. Wir fahren am Nymphenfluß entlang hoch und kommen zu einem Tumulus - dem Grabhügel - für die Frau des Antiochos I. von Kommagene mit Tochter und Enkelin. Von den neun Säulen, die ursprünglich diese Begräbnisstätte zierten, sind nur je eine Adler-, eine Stelen- und eine Stiersäule erhalten. Von hier haben wir einen weiten Blick über das Flußtal hin auf die mächtige Seldschukenburg und auf die Reste der noch höher gelegenen antiken Stadt Arsameia, der Sommerresidenz der Kommagene-Herrscher. Im Hintergrund erhebt sich das Bergmassiv mit der krönenden Spitze des Nemrud Dagh. Dort liegt Antiochos I., der königliche Herrscher, bestattet, hier seine Familie.
Wir fahren den Nymphenfluß aufwärts und überqueren auf einer schönen Römerbrücke mit drei Säulen einen Nebenfluß. Wo der Nymphenfluß eine Felsbarriere durchschneidet, lag auf dem östlichen von zwei Felsen die alte Stadt Arsameia. Dort wurden innerhalb der letzten Jahrzehnte bemerkenswerte Funde gemacht, die vorwiegend mit dem Mithraskult verbunden waren. Am Berghang entdeckte man Teile eines Theseus-Heiligtums für Mithridates I., den Vater des Antiochos. Dazu gehört ein vollständig erhaltenes Dexiosis-Relief - „der Gott reicht dem König die Hand" - wie es zu dieser Zeit sehr beliebt war.Hier ist es Herakles, der mit seiner Rechten des Königs Hand umfaßt, nach der Tracht wohl eher des Königs Antiochos selbst. Dort auch eine Felswand, die in einer großen Inschrift einen Bericht des Antiochos enthält. Daneben befindet sich eine Treppe, die 158 m tief in den Berg führt und an einer Felswand im Nichts endet. Auch sie wird mit Mithras verbunden gewesen

sein, der nach der Legende aus dem Felsen geboren wurde. Vielleicht stieg zu gewissen Zeiten der König herunter und erlebte im Aufstieg die Geburt des Gottes.
Wir entfernen uns von dem Flußtal, machen unterwegs in einem kleinen Dörfchen im Wirtshausgarten bei rauschendem Wasser Picknick. Dann fahren wir in die Berge hinein. Die fruchttragenden Felder bleiben bald zurück. Die Wege sind schmal, teilweise sehr schlecht. Langsam steigt der Minibus von 600 auf 2100 m hoch. Der Blick gewinnt freie Sicht und reicht bald in weite Fernen. Die Steine türmen sich um uns her, wachsen als Felsen zusammen, bis sie sich als Bergketten unter uns dehnen und zurückbleiben, während wir uns immer mehr dem Nemrud Dagh nähern.
König Antiochos I. von Kommagene (69-38 v.Chr.) hat sich diese Bergeinsamkeit als seine Grablege ausgesucht. Auf dem weithin sichtbaren höchsten Gipfel ist aus zerkleinertem Felsgestein der Tumulus - der Grabhügel - sorgfältig in Kegelform aufgeschichtet. In seiner Mitte, wahrscheinlich in einem stehengebliebenen Felsrest, wird die Grabkammer vermutet, die man bis zum heutigen Tage nicht gefunden hat.
Unterhalb des Gipfels ist ein kleiner Parkplatz. Von hier aus steigen wir den ziemlich steilen, steinigen Fußpfad zum Gipfel empor. Die Luft ist klar und kühl, weit blaut der Himmel über uns, die Sonne brennt uns auf den Rücken. Wir schauen nicht mehr herunter, sondern streben der Bergeshöhe zu. Das Gelände gebietet einen langsamen Pilgerschritt. So nähern wir uns der Ostterrasse und bleiben staunend stehen, holen tief Atem. Wir sind in das Reich der Götter gelangt.
Hier hat sich Antiochos I. nicht nur eine Grablege „in nächster Nähe der himmlischen Throne“ bereitet, wo sein Körper „durch die unermeßliche Zeit ruhen soll“, wie die Inschrift besagt, hier hat er auch eine Kultstätte für sich im Kreis der Götter geschaffen.

Von den je fünf riesenhaften Sitzfiguren (auf der Ost- und der Westseite in gleicher Anordnung) thront Zeus in der Mitte, daneben auf der einen Seite Apollo und Herakles, auf der anderen die neue Tyche von Kommagene, Schutzgöttin des „allernährenden Heimatlandes Kommagene", und der König selbst; zu beiden Seiten Löwe und Adler. Während auf der Ostseite die Sitzfiguren recht gut erhalten sind, sind sie auf der Westseite stark zerstört. Die Köpfe sind sämtlich heruntergefallen, der letzte noch (durch ein Erdbeben oder Wintergewitter) vor mehr als dreißig Jahren. Sie stehen jetzt überwiegend aufgerichtet am Boden, sind übermannsgroß und von göttlicher Majestät. Neben dem Zeuskopf mit wallendem Bart strahlt Apollo in jugendlicher Schönheit. Man kann sich kaum vorstellen, welchen gewaltigen Eindruck diese gesamte Anlage, insbesondere aber die Köpfe, auf den Betrachter machen. Dazu kommt der unwahrscheinliche Rundblick, umfassender als alle, die wir bisher hatten.
Ferner waren je zwei Reliefreihen mit der Darstellung der Ahnen des Königs vorhanden. Mehrere davon sind auf der Westseite erhalten geblieben. Auf der Ostterrasse steht zur Hangseite hin ein quadratischer Altar, der auf der Westterrasse fehlt. Auf der Rückseite der Thronsessel ist die große Kultinschrift eingemeißelt.
Auf der Westterrasse sind Archäologen bei der Arbeit. Hier liegt auch das fast vollständig erhaltene Relief des Löwenhoroskops: Ein Löwe mit der Mondsichel unter dem Hals und von Sternen umgeben und übersät, die in ihrer Konstellation auf den 7. Juli 62 v.Chr. weisen. Dieser Tag muß für den König oder das Heiligtum von entscheidender Bedeutung gewesen sein.
Wir haben viel Zeit, den Zusammenklang von großartiger Schöpfung und menschlicher Schöpferkraft auf uns wirken zu lassen.

Schweigend und tief beeindruckt steigen wir wieder ab. Der Tag war anstrengend, aber ein großartiger Höhepunkt. Wenn wir morgen die Türkei wieder verlassen, bleibt die Erinnerung an eine Reise, die uns in weitem Bogen durch Ostanatolien und in die unterschiedlichsten Zeitspannen der Geschichte geführt hat. Viele Völker sind uns begegnet, die ihre Spuren in das Land gegraben und durch unvergängliche Kunstwerke Zeichen in die Zukunft gesetzt haben.

Eugenie von Bremen -
geboren und Kindheit in Polen,
seit über dreißig Jahren eine
neue Heimat gefunden in
Bad Homburg v.d.H.
Fünf Kinder, Rechtsanwältin.
Veröffentlichungen in Zeitschriften und Anthologien
(polnische Übersetzungen).
Mitglied der Autorengruppe
„Literarischer Taunus".

ISBN 3-88717-079-2

Mucur
Hacı Bektaş
Sultan Han
Sivas
194 km
Kültepe
Kanes
Bünyan
Gümüşkent
Sığırlı
Özkonak
Kayseri
1043
Elbaşı
Karadayı Han
Gülşehir
Avanos
Zelve
Açıksaray
17
Göreme
Ürgüp
İncesu
Üçhisar
Sivasa
Tatlarin
Nevşehir
1250
Erciyes Dağ.
3917
Ortahisar
M.Paşa
Damsa
Cemil
76
79 km
Niğde
Tomarza
Ankara
Ankara
278
Acıgöl
Mazı
Ağzı Kara Han
Taşkınpaşa
Kaymaklı
Develi
Örentepe
Tilköy
202 km.
Kaşkale
Derinkuyu
Güzelöz
Yeşilhisar
Orhanlı
K. Atlan
Aksaray
Selime
Ağcaşak
Kepez
Soğanlı
Fraktin
Belisırma
Sultan Han
Grledere
51
Kepez
Bakırdağ
Yaprak Hisar
Gölcük
Gelveri
Boğlama
Edekli
Konya
Ihlara
Göllü Dağı
Tırhan
Hasan köy
Misli
Hüyük
Taşpınar
Melendiz Dağları
Yahyalı
2113
Hasan Dağı
2963
Melendiz Dağları
Eskigümüş
Toros Dağları
3333
2263
Adana
Niğde
1200
Bor
Kemerhisar
199 km
Adana